Brindemos por las ESPINAS

LA HISTORIA DE TRES DIVORCIOS Y ESTRATEGIAS PARA DESCUBRIR TU FELICIDAD

ROXANA VILELLA

Créditos:
Mentora en autopublicación: Anita Paniagua
Edición y corrección de prueba: Mariangely Núñez Fidalgo
Diseño Gráfico: Lord & Loly Graphics Designs, www.lordloly.com
Fotógrafo de contraportada y de la página web: Alejandro Vila
Coordinación de escenografía y vestuario: Wilma Berríos

ISBN 978-0-615-89496-6

"Conocí a Roxana en el 2013, en una actividad socio-cultural en el pueblo de Humacao. Allí tuve la oportunidad de escuchar su experiencia de vida, la cual me motivó a encontrar en cada suceso, positivo o no, un espacio para la superación. Además, comprendí que todo lo positivo que nos ocurre es el resultado de un verdadero 'pujo'. Tengo la certeza que el relato de sus vivencias motivará a muchas mujeres a reconocer que dentro de cualquier forcejeo emocional al que nos enfrentemos, no todo resultará ser oscuro y gris. Roxana, te deseo el mayor de los éxitos en este nuevo reto. ¡Adelante!".

Katty Llinás
Autora-conferenciante

"He ganado tres veces consecutivas el Círculo de Excelencia, el mayor reconocimiento a nivel global de mi empresa. Roxana Vilella me dio la guía y la inspiración para alcanzar el éxito. Me ayudó a encontrar mis fortalezas y a superar mis debilidades. Aprendí que para hacerse un buen nombre, construir un futuro y dejar nuestra huella en la historia hay que pararse con seguridad, ver cuál es la meta y hacia dónde se quiere llegar, las herramientas para lograrlo están en ti, solo hay que usarlas".

Alex H. Méndez
Ingeniero químico

Tabla de Contenido

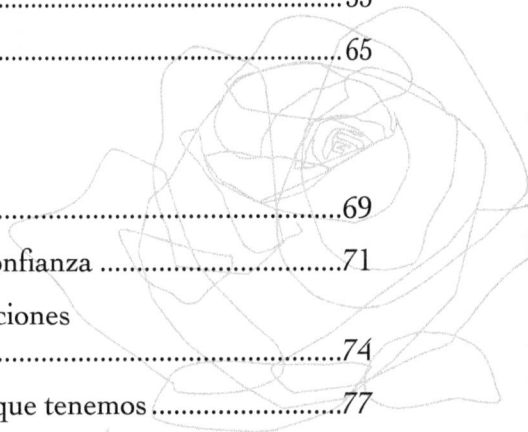

Prólogo

Roxana tenía un secreto que llevaba por años guardado en aquella hoja de papel. Ese papel fue el principio de aquel libro que deseaba tanto escribir, pero que con los quehaceres del diario vivir dejó a la espera del momento justo.

Por esas vueltas de la vida, comienzo a ofrecer unos cursos titulados *Emprende con tu libro*. Acostumbro a realizar una dinámica de presentación entre los participantes y le llega el turno a esta elegante mujer de ojos verdes la cual nos dice que se llama Roxana Vilella y es *coach* especializada en el tema del divorcio. Demás está decir que su especialidad causó conmoción en aquel salón. ¿Cuántos han pasado de una u otra manera por esa experiencia? Su tema fue la sensación de aquel curso. Roxana había comenzado a destapar una interesante caja de pandora, pero más aún, había encontrado el momento oportuno para compartir su historia.

Al finalizar el curso, invité a los interesados a participar de mi programa de *mentoría* individualizada para emprender sus libros, recuerdo el rostro emocionado de Roxana quien me expresó con alegría que finalmente la espera de escribir su libro había llegado a su fin. Así comenzamos un intenso y emotivo viaje de 12 semanas que le darían nacimiento hoy a *Brindemos por las espinas*.

Brindemos por las espinas es un recorrido por el corazón de una mujer de carne y hueso que vino a este mundo a vivir intensamente. Roxana nos cuenta la historia de sus

3 matrimonios, sí son 3 divorcios, y en cada uno de ellos presenta un caudal de emociones que con valentía Roxana enfrentó para que con sus vivencias, vivamos también con intensidad pero, sobre todo, buscando siempre la felicidad, como ella lo ha hecho.

Recuerdo nuestras reuniones de *mentoría*, ¡cómo nos reímos!, pero también nos indignamos y hasta lloramos. Resulta que esta servidora es hija de una madre que también se había casado 3 veces y, como si fuera poco, también he pasado por un divorcio. Aquellas historias de Roxana eran como un recuento de mi propia vida y de repente la mentora se convirtió en la discípula, al escuchar cómo esta mujer, después de tanto desengaño y desilusión, sigue creyendo en el amor. Aunque con finales distintos, nuestros procesos de sanación fueron muy parecidos y fue entonces que ambas comprendimos que su historia cumple un gran propósito para la vida de todo el que tenga el privilegio de leerla.

Brindemos por las espinas presenta una historia que si no fuera porque su protagonista me la contó, podría pensar que se trata de una gran novela. A través de su historia, podrás identificarte con una excelente madre, una poderosa y exitosa profesional, una romántica amante de la música y el baile, una coqueta enamorada, pero también con una mujer vulnerable y humana que fue engañada y hasta humillada pero que logró transformar sus experiencias en una vida plena y feliz.

El libro nos ofrece unas excelentes herramientas de vida de incalculable valor. Roxana, además de su historia, comparte su sabiduría con relación al matrimonio y el divorcio y nos regala las estrategias que personalmente utilizó y utiliza para su propia sanación y la de sus clientes al ofrecerles *Coaching*. Conoce sus "pujos de motivación" y los verdaderos tesoros de la vida entre otras. De algo estoy segura, que luego de leer este libro aprenderás que "la vida es solo una y hay que vivirla".

-Anita Paniagua
Mentora en autopublicación, formadora de emprendedores
y autora del libro más vendido: *EmprendeSer, herramientas
para reconocer y desarrollar a tu ser emprendedor*

Dedicatoria

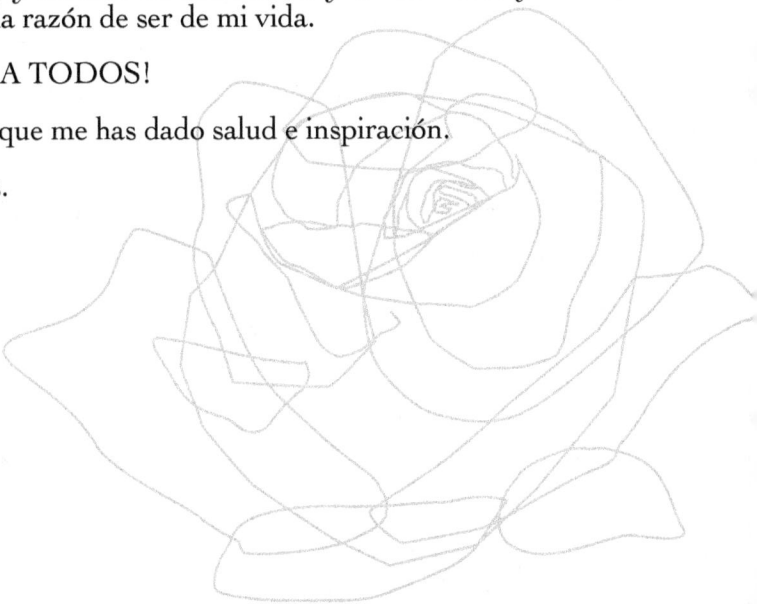

Les dedico este libro a varias personas.

Primero a mis padres, Ligia y Rafael, quienes me dieron la vida y me enseñaron a diferenciar el bien del mal.

A mis cuatro hermanos, Yiyi, Rafi, Manolo y Gloria, por los bellos momentos juntos.

A mis tres esposos quienes formaron parte de mi vida y que gracias a ellos decidí escribir este libro.

Por supuesto, a mis hijos, Edgardo, Jean Manuel y Alejandro, a mis nueras y madres de mis nietos, y a mis nietos y nietas, quienes son la razón de ser de mi vida.

¡GRACIAS A TODOS!

Y a ti, Dios, que me has dado salud e inspiración.

Te amo Dios.

Agradecimientos

Toda mi admiración a Anita Paniagua, quien ha sido mi mentora en todo el proceso y me ayudó a poner mis ideas en orden, quien me inspiró y logró hacerme recordar mi pasado. Me ayudó a traer cada detalle vivido a mi memoria para poder plasmarlos en un papel.

A Mariangely Núñez Fidalgo, quien escuchó mis inquietudes y organizó mis pensamientos.

A la autora Katty Llinás, y a Ana Agosto, coordinadora de eventos, quienes fueron el canal para llegar a mi mentora.

Gracias a mi familia, a todas mis amistades y, muy en especial, a las que son mis hermanas: Norma, Eneida, Wilma, Awilda y Lucy, a mis amigos de redes sociales, quienes me impulsaron en todo momento para que pudiera realizar este libro.

Sin ustedes, nada de esto sería realidad.

¡Gracias, gracias, muchas gracias!

Uno crece cuando no hay vacío de esperanza,
debilitamiento de voluntad, ni pérdida de fe.

Uno crece cuando acepta la realidad
y tiene aplomo de vivirla.

Cuando se defiende como el águila para
no dejar de volar, cuando se clava
como ancla y se ilumina como estrella.

Entonces y sólo entonces es cuando se crece.

-Susana Carizza

Introducción

Siempre me casaba ilusionada. Con cada uno de ellos fue así. Sin embargo, nunca, antes de hacerlo, me pregunté *¿por qué me quiero casar?*

Luego me costó darme cuenta de que me equivoqué. No entendía la forma de ser de los hombres con quienes me había casado, el poco temple al tomar decisiones, la poca seriedad, lo controlador que podían llegar a ser, sus malas costumbres. Me dolieron las traiciones y las consecuencias que todo eso trae. En alguna ocasión me pregunté cuál era el propósito de mi existencia. Sí, así como lo lees, en ocasiones pensé que era mejor estar muerta que viva. Jamás atenté contra mi vida pues mis principios religiosos me lo prohibirían, sin embargo, a veces me preguntaba cuál era la razón de mi existir.

¿Y a ti?, ¿te faltaron?, ¿te menospreciaron? O, quizás peor, ¿te engañaron?

Puede ser que en este instante pienses que eres feliz o "casi feliz" y, a la misma vez, tengas dudas sobre tu relación de pareja. Quizás hayas atravesado un camino escabroso en tu relación y lo superaste. Quizás tu historia es otra. Aun así, esta historia es para ti, para todo ser humano que siente y padece, goza, llora, sonríe, ama y perdona, ya seas hombre o mujer soltera(o), casada(o), divorciada(o) o viuda(o). He sido todas las anteriores, e incluyo la viudez, porque comparo el sentimiento del divorcio como la pérdida de un ser amado que no vuelves a ver, aunque lo sigas amando.

Durante mi investigación para escribir este libro, me sorprendí muchísimo al conocer las cifras de divorcio alrededor del mundo. Puerto Rico, mi país de origen, es el segundo país de mayor porcentaje en divorcios. Este dato significó un compromiso personal de hacer alguna contribución para detener esas cifras y ésta es una de las razones por la cual decidí convertirme en *coach*. Por medio del *Coaching* te acompañaré en la toma de decisiones para definir tus objetivos ya sea de casarte, separarte, divorciarte o bien regresar con tu pareja. Es muy importante ese paso de vivir al lado de otra persona o, por el contrario, decidir vivir sin ella. Por lo tanto, tenemos que prepararnos para tomar esa decisión; y hacer lo posible para al menos tomar decisiones con las cuales nos sintamos felices.

Pienso que el matrimonio es el estado perfecto... al igual que la soltería o el convivir como pareja. ¡Lo que tú decidas! Lo único que te suplico es que, cualquiera que sea tu decisión, seas feliz. La felicidad es posible aun estando soltera(o) o casada(o). En este momento vivo sola y he aprendido a vivir las horas de soledad. Para algunos, la soledad es dolor, angustia, sentimiento de abandono. Para mí es disfrutar los momentos sin necesitar otro ser humano alrededor y, a la vez, es un deleitarse con la gente que quieres cuando es posible verlas. En ocasiones la gente no está disponible para verte pero existen tantas cosas que te pueden brindar felicidad. Si te sientes sola o solo, te ofrezco herramientas que te ayudarán a transformar la soledad en felicidad. La soledad se puede trabajar. Se trata de un modo de vivir, de llenar esos espacios que traen pensamientos negativos y convertirlos en espacios llenos de amor y satisfacciones personales. Es aprovecharlos para darse amor a uno mismo, consentirse y respetarse para, luego, poder regalar amor a los demás.

Llevo muchos años, largas horas poniendo en orden mis recuerdos, experiencias vividas, momentos gratos, y no tan gratos, para poder plasmarlos en papel. Lo he hecho para poder identificarme contigo, orientarte en tus inquietudes, ser un aliento para tus sinsabores e inspirarte a seguir. Por esta razón, te hablo de mis matrimonios, mis divorcios, mis pujos de motivación y las herramientas que he desarrollado en el camino para poder subsistir y combatir los pensamientos negativos. Te contaré la historia de mis tres divorcios como mujer que amó, que sufrió y que salió a flote. En la parte final, y luego de convertirme en coach, te invitaré a que hagamos algunas tareas juntos, como por ejemplo, identificar los valores familiares adquiridos, pues los llevamos profundamente en nuestro corazón y aunque no sepamos por qué reaccionamos de una o de otra manera, siempre salen a flote. En mi caso, considero que, en muchas ocasiones, los valores que me enseñaron mis padres tuvieron mucho que ver con la conducta que asumí en mis relaciones. Hasta puede ser que otras veces tomé la batuta porque ese rol de "capitana" o de querer tomar decisiones por mí misma, o más bien, controlar la toma de decisiones en la pareja, influyó en mi vida amorosa. También presento un ejercicio para parejas, para que puedan conocerse más y lidien con las situaciones del diario vivir. Te ofrezco mi antídoto para trabajar con la soledad y, sobre todo, mis reglas de oro para vivir una vida feliz.

"La vida es una y hay que vivirla" es mi lema, lo he convertido en mi misión y me ha apoyado a salir airosa de cada situación.

"La vida es una y hay que vivirla" es mi lema, lo he convertido en mi misión y me ha apoyado a salir airosa de cada situación. También me rijo por el sabio cuidado del corazón. Cada vez que escucho la frase *el corazón es una bomba de tiempo,* me reafirmo de manera jocosa, que a mi corazón lo voy a cuidar de cualquier intruso que quiera hacer mal uso de él.

Tengo la convicción de que el ser humano debe mantener la llama encendida todo el tiempo y la mía tiene unas pilas que no se agotan. Hoy día mis hijos comentan que yo hago más vida social que ellos. Pero mientras Dios me brinde vida, la pienso seguir celebrando. Para eso vivo día a día, cuido mi salud, disfruto con mi familia y atesoro a mis amigas que las he aprendido a querer como hermanas. En fin, VIVO MI VIDA. Como decía una colega mía –"A mí me mata Dios y me vence el sueño"- y a mí, ni siquiera el sueño me vence.

Me gustaría muchísimo que, al leer este libro, sintieras como si nos tomáramos de la mano. Te invito a escribir en sus márgenes aquello con lo que te identificas o te llame la atención. Si algún día nos encontráramos, me encantaría que compartiéramos nuestras experiencias y me contaras la tuya.

¡Acompáñame en este recorrido de mi vida que podría también ser la historia de la tuya! ¡Acompáñame en este caminar, hagamos el recorrido juntos y luego podremos hablar de ese final feliz!

Roxana Vilella

Las Historias

La pareja:
el bagaje familiar

Existen tantas versiones de los tipos de crianzas en los hogares y realmente no sabemos si influyen o no en los diferentes seres humanos. Pienso que nuestros modelos a seguir son los padres o las personas que nos hayan criado pero a la larga vamos definiendo lo que nos gusta o no nos gusta y lo adaptamos o lo desechamos de nuestras vidas. Hay varios estudios al respecto y cito el primero que encontré que fue revelado por la Universidad de California:

> *"Los jóvenes que han crecido dentro de un hogar donde los padres tienen buena relación entre ellos, es probable que copien esta conducta, los afecte positivamente y que puedan desarrollar también una relación estable y amorosa con sus parejas".*

En otra ocasión navegando por Internet encontré un blog llamado *Los Suegros y El Noviazgo*. Menciona lo importante que es la relación con la familia de tu pareja y que, al momento de enamorarse, lo menos que se piensa es en ese "pequeño detalle" de conocer a la familia. El artículo establece que, en el pasado, el ir a conocer a la familia de la pareja se interpretaba como formalizar la relación. Indica que ya se ha perdido esta formalidad. Incluso, hoy día, se llaman suegros y suegras a los padres de la pareja sin ni siquiera estar casados. Pero las épocas

Pienso que nuestros modelos a seguir son los padres o las personas que nos hayan criado pero a la larga vamos definiendo lo que nos gusta o no nos gusta y lo adaptamos o lo desechamos de nuestras vidas.

cambian. Hoy suceden muchas cosas que, por lo menos en mi caso, mis padres no me lo hubiesen permitido por el respeto que me inculcaron.

Vengo de una familia de 4 hermanos de sangre y una hermana de crianza. Mis padres estuvieron casados por más de 50 años. Papi nació en el 1920, dentro del seno de una familia humilde, en el Sector Vilella, del pueblo de Lares. Se hizo ingeniero civil en el Colegio de Mayagüez. Practicaba el baloncesto y se convirtió en jugador profesional. Llegó a representar a Puerto Rico en algunos países como Venezuela, Cuba, Panamá y Estados Unidos, entre otros. Jugó baloncesto cuando las canchas eran de cemento crudo, lo que causó que en su vejez, sus piernas estuvieran debilitadas. En un momento dado, decidió dejarlo todo para ejercer su profesión como ingeniero en San Juan. Mami nació en el 1926, en Nueva York. Los ancestros de su padre, de apellido Hecht, eran alemanes. Su madre era de ascendencia puertorriqueña. Siendo aún una jovencita, de 11 años, su padre se enamora de otra mujer y abandona a su madre, a ella y a su hermano Héctor. Mi abuela dejó de alimentarse bien y pasó muchos momentos de soledad y en pena por la partida de su esposo. Se enfermó, pues apenas se cuidaba, y murió de tuberculosis. Al perder a su madre, mi mamá, apenas con 11 años de edad, tuvo que trasladarse a Puerto Rico con su hermano para vivir con unas tías, ya que su papá se casó por segunda vez e hizo una vida aparte con su nueva familia. Mami no hablaba ni una gota de español, razón por la cual fue objeto de muchas burlas en la escuela. Quizás podríamos llamarlo el *bullying* de aquella época. Aprendió español poco a poco y, como su padre desapareció de su vida, se crio con una familia que tampoco conocía muy bien. Se encontró con muchos escollos en su camino que definitivamente fueron determinantes en su carácter tan fuerte.

Cuando tenía 18 años de edad, decidió entrar a un monasterio y estuvo poco tiempo pues no era esa su vocación. Después comenzó a trabajar en la aduana de Puerto Rico, sin haber terminado sus estudios. Conoce a papi en ese tiempo y al comenzar a tener hijos, mi padre le pide que deje el trabajo para criar a los hijos ya que él entendía que podían vivir sólo con su salario como ingeniero. Ella accedió porque en ese momento la prioridad para ambos era criarnos a nosotros cuatro. Sin embargo, ella siempre le reclamó esta decisión, pues el jubilarse del Gobierno Federal le aseguraba una pensión jugosa.

El amor de mi padre hacia mi madre era espectacular. Lo que mi madre dijera era lo que él apoyaba 100%. Admiraba ese amor tan grande y de novelas que siempre él le profesó a ella. Le traía chocolatitos, gustitos, besitos. Ambos se decían *nena* y *nene*. Todos los hermanos sabemos que papi idolatraba a mi madre. Mami también lo respetaba y lo amaba, aunque ella no lo dejaba ver como él, porque mami era fuerte de carácter, típico de sangre alemana. Mami era la que nos regañaba, era la que "partía el pan y repartía el vino". Mi mamá llevaba la batuta en la casa. Fue tan grande ese amor de ambos que papi murió en mayo de 2008 y mami lo siguió, murió en mayo de 2009.

Mi padre y mi madre nos enseñaron muchos valores muy lindos como el ser agradecidos, el respeto al ser humano, el compartir con todos, el abrazar para decir te quiero o bien para llenarse de energía. En mi hogar hubo mucho amor. Papi era el más cariñoso, el que nos "añoñaba". Mami siempre establecía las pautas, por ejemplo, las horas de llegada, de estudiar, si podíamos salir o no. A veces, tratábamos de sacar los permisos con papi, pero él contestaba: "Lo que diga tu madre". ¡Cuando queríamos que algo se diera, íbamos a donde él a ver si pasaba por alto el permiso de mami, pero ¡qué va!, él nos complacía

siempre y cuando ella estuviera de acuerdo. También, debo aclarar, que cuando se le colmaba la copa y abría la boca para reprender, todo el mundo corría a obedecerlo. Papi nos obligaba a comer sentados todos juntos a la mesa y no toleraba ningún chiste fuera de lugar. Tampoco permitía que nadie se sentara a la mesa sin camisa. En fin, nos enseñaron buenas maneras y buenas costumbres. Ambos gozaban de nuestro respeto. Dios siempre fue la base de nuestra familia. Claro, mami era la más religiosa. Ella nos llevaba a misa y actualmente profeso mi fe gracias a las enseñanzas de ella. Le agradezco a Dios por los padres que me brindó y el hogar que siempre tuve.

Mis padres pertenecían al Club de Leones de Puerto Rico. Recuerdo que se dedicaban a obras benéficas. En una ocasión decidieron realizar el sueño de alguna chica que fuera a cumplir los 15 años de celebrar ese cumpleaños por todo lo alto. Buscaron en varios sitios y, finalmente, escogieron a una joven huérfana de madre que vivía con sus hermanitos más pequeños en un hogar de niños. La chica seleccionada, entre muchas tantas, con el tiempo se convirtió en mi hermana de crianza pues vino a vivir con nosotros. Solo se quedaba durante los fines de semana ya que en la semana iba a un internado de niñas. Ella y yo hicimos mucha química. Siempre me ayudaba en todo lo que podía.

Después de que mi hermana mayor se graduó de escuela superior, decidió irse a estudiar a Estados Unidos. Mi hermana de crianza se independiza, comienza a trabajar y se establece en su apartamento. Me quedo sola con mis hermanos varones y es cuando realmente mi vida empieza a complicarse un poco pues mi madre decide regresar a estudiar. Era la década de los70's y las responsabilidades de ayudar en el hogar recaían en las hijas mujeres. Yo, que soy la segunda en la familia, comencé a tener demasiadas responsabilidades pues, aparte de ser muy buena estudiante, con excelentes calificaciones, me tocó ayudar a mi mamá con los quehaceres del hogar. Tengo dos hermanos menores y tuve que atenderlos a ellos y a papi mientras mami estudiaba. Yo era quien cocinaba y estudiaba con mis hermanos.

Cuando terminaba todo, entonces me dedicaba a estudiar y a hacer mis cosas personales. Para colmo, mi madre decide traer a vivir con nosotros a su tía que había enviudado y empezaba a fallarle su memoria. Recuerdo que le pregunté a mami que por qué no había consultado conmigo esa decisión de traer a su tía para la casa (ya comenzaba a salir de mi timidez y daba mis primeros gritos de rebeldía). Recuerdo claramente su contestación: "Yo no tengo nada que consultar contigo. Aquí yo tomo las decisiones". Hoy por hoy pienso que me lo gané, pero en aquel momento me ofendí de tal manera porque me sentía la jefa de familia, incluso, mis hermanos peleaban conmigo pues me creía su madre, y hasta me llamaban "Mami Roxy" de manera jocosa. Probablemente eso hizo que papi y yo nos hiciéramos bien amigos. Mi padre era mi ídolo y mi héroe. Lo amaba con todo mi corazón y lo veía más que como un padre, como mi confidente. ¡Éramos tan parecidos! Papi conocía la necesidad de mami de regresar a estudiar. Papi sabía que yo estaba a cargo de todo y me daba todo su apoyo y cariño como siempre lo había hecho.

Admiraba tanto lo gran padre y esposo que era y su abnegación por sus hijos y por todos. Era el mejor amigo, el mejor consejero. Como estudié en un colegio de niñas solamente y no tenía amigos varones, papi llenó ese hueco. Recuerdo que había un chico que me gustaba muchísimo. A insistencias de sus padres, había decidido unirse al Ejército. Me pidió que fuera a despedirlo al aeropuerto y yo me moría por ir. Un mes antes le había preguntado a mi mamá si podía ir a despedirlo pues era un día de clases. Me contestó que sí, quizás pensando que se me iba a olvidar. El día antes de su partida volví a hablar con mi mamá para recordarle que al día siguiente faltaría un par de horas a la escuela para despedirme de él, pero esta vez me dijo rotundamente que no. No olvido el sentimiento de desesperación que me causó aquel no. Me fui a mi cuarto y no quise ni comer esa noche. Lloré mucho. Mi héroe, papi, llegó al rescate y preguntó por qué yo no estaba en la mesa. Entonces, vino a verme a mi cuarto para consolarme. Le expliqué todo sumida en mis lágrimas y me prometió hablar con ella para ver si autorizaba que él me llevara al aeropuerto. Así fue. Mi padre me llevó, me dejó solita hablando con mi adorado tormento y luego regresó y me dijo: "¿Estás lista?". Le dije que sí. Me tomó de la mano y me llevó a la escuela. Por eso y por muchas cosas más, él está en mi corazón de una manera especial.

Ya terminaba mi escuela superior, en el 1973, y se acercaba mi baile de graduación. Como yo no tenía parejo, mi mejor amiga me presentó al primo de su novio para que fuera conmigo. De primera intención no me llamó mucho la atención. Sin embargo, cuando comencé a estudiar en la universidad, nos seguimos conociendo . Nuestra relación creció cada día más pues todos los fines de semana nos veíamos, íbamos al cine, bailábamos, compartíamos con las amistades mías, en fin, la pasábamos muy bien. Su buen humor me cautivó y me fue ganando poco a poco. Debido a lo bien que nos llevábamos, decidimos hacernos novios. Él vivía en Ponce y yo en San Juan. Cuando viajaba a San Juan, se quedaba en casa de unos tíos y nos veíamos durante los fines de semana, salíamos y lo pasábamos bien.

Tenía la impresión, por no decir la certeza, de que yo no era la preferida de los padres de mi novio. Mi corazón siempre me dijo que había otra chica que ellos deseaban para él. Probablemente, la razón para sentirme así era una foto en la que aparecía mi novio con la chica en su baile de graduación de cuarto año de escuela superior. La foto siempre la tenían muy bien puesta en el cuarto de sus padres. Él sabía cómo me incomodaba aquella foto, pero siempre me decía que aunque su mamá era pasión con ella, él me prefería a mí, que ella no era la que le gustaba a él. Decía que su amor y atracción por mí eran sumamente fuertes. La chica que querían sus padres y la distancia que nos separaba todo el tiempo se interponían entre nosotros. Él en Ponce y yo en San Juan, sin añadir el alto precio de la gasolina. Mi novio trabajaba y estudiaba. Él ganaba dinero, quizás no mucho, pero podía pagar la gasolina para venir a verme, sin embargo, su padre no quería que viajara a San Juan. Comenzamos a escribirnos y estábamos tan enamorados que la idea de casarnos crecía cada día más como la espuma. Fuimos novios durante 3 años. Mis cargas familiares y sus viajes a San Juan fueron claves en la decisión de casarnos.

Tan pronto él se graduó de universidad y consiguió trabajo, pusimos fecha para la boda y, claro, había que hablar con mis padres para que nos dieran el visto bueno. Yo estaba todavía en mi segundo año de universidad, contaba con 19 años de edad y sabía que esta noticia iba a causar un impacto negativo en mis padres. Nuevamente acudo a "mi héroe" y le expliqué. Él no sabía cómo decirme que no, porque quería que terminara mis estudios. Intentaba persuadirme de varias formas para que no me apresurara a casarme, porque aún estudiaba en la universidad aunque ya hacía mi práctica de maestra de escuela elemental y generaba algo de dinero. Fue tanto lo que hablamos, que finalmente lo convencí. Me dijo que si le prometía terminar mis estudios, entonces sí podía casarme. ¡CLARO QUE SE LO PROMETI! Estaba locamente enamorada y llena de responsabilidades en mi casa. Prefería tenerlas en mi propio hogar. Lo vi como una salida de todas aquellas responsabilidades que entendía no me correspondían.

¿Por qué nos casamos?: adiós a mis obligaciones de soltera

¡Cuántas teorías he leído del matrimonio! Estuve leyendo un artículo que me impresionó muchísimo de John Bytheway, misionero y, consultor de jóvenes y parejas que desean contraer matrimonio. Cuenta que en una charla para jóvenes en *Brigham Young University*, en Utah, un joven le preguntó: "¿Qué hago para que la gente me quiera?". Su contestación fue: "No puedes forzar a nadie a quererte pero, lo que sí puedes, es transformarte en una persona más fácil de querer". Decía que no puedes poner tus sentimientos en cosas que no puedes controlar. Ilustró como ejemplo la situación de un pianista que, ante en un gran público, se sienta frente a un piano de cola. La partitura musical a tocar es para un dueto. El público está en espera de que el pianista comience a tocar, pero no lo hace. Todos se preguntan por qué no comienza. Se le acercan varias personas y le solicitan que comience. El pianista les aclara con buen humor que la pieza se hizo para ser tocada por dos personas y, acto seguido, las invita a sentarse a su lado a tocar el dueto. Nunca pierde su buen humor, ni se desespera porque si hay algo que él sí puede hacer, es controlar sus contestaciones y sonreírle a todos. Lo que no puede controlar es que la partitura es para un dueto.

Me pareció excelente su manera de dejar ver que de eso se trata el matrimonio. Se trata de dos. No puedes obligar a nadie a quererte, pero llegará la persona que se encante con tu forma de ver las cosas, tu forma de reaccionar ante las situaciones, tu forma de sonreírle a la vida, tu forma de dar amor al prójimo y querrá sentarse contigo en el piano a acompañarte y tocar el dueto…

Me casé con el primo de mi amiga en agosto de 1976. Me sentía que salía por fin de esas responsabilidades obligatorias. Ahora tenía mis propias responsabilidades. Estudiaba para terminar mi bachillerato en la universidad. Daba clases de inglés de tercero a sexto grado. Me casé en agosto y en octubre me enteré que esperaba un bebé. Mis padres recibieron la noticia con mucho júbilo pues era el primer nieto, aunque también papi me contó las semanas de embarazo hasta el final y se cercioró que nació dentro de mi matrimonio. Sin embargo, cuando mi esposo llamó a sus padres, no tuvimos la misma reacción, se preocuparon por lo "rápido" de este embarazo, sabían que vivíamos con un presupuesto un poco apretado.

Durante las noches, ya con mi pipita, hacía mis tareas de la universidad, preparaba mis planes para el próximo día para enseñar a mis estudiantes y ayudaba a mi esposo a perfeccionar su inglés. Fueron muchas las veces que el cansancio me ganaba y mi esposo me encontraba dormida en mi escritorio. Finalmente, en el 1978, logré terminar mis estudios y graduarme de la Universidad de Puerto Rico. Cumplí con la promesa que le había hecho a mi padre, con todo y mi hijo de un año de edad.

En nuestro matrimonio procreamos 3 hijos varones. Nunca tuvimos ni un sí ni un no. Fue un matrimonio buenísimo. Lo disfrutamos mucho. Teníamos un buen grupo de amistades y salíamos todos juntos. Nos encantaba hacer carnes en la barbacoa. Salíamos a visitar varios lugares de la Isla. Disfrutábamos a nuestros hijos ya fuera en casa o en nuestras salidas. Teníamos altas y bajas como cualquier matrimonio, especialmente, por las situaciones económicas que surgen y con el aumento de la familia. Al quinto año de casados ya teníamos tres hijos que se

llevaban poco tiempo entre ellos.. Cada día se nos hacía más fuerte el poder sustentar a la familia. Sentía y decía que había un trabajo esperando por mí, pues deseaba ganar más dinero y poder vivir más desahogadamente.

Trabajé súper fuerte para poder ayudar a mi esposo con la responsabilidad de nuestra familia. Ahora me doy cuenta que al dedicar tantas horas a este trabajo, lo descuidé a él.

Finalmente llegó ese trabajo que tanto esperaba. Por medio de una amiga, comencé a trabajar con una compañía americana. El salario era bueno pero el contrato era por sólo un mes. El mismo se extendió a dos meses. Mi desempeño fue tan exitoso, que me dieron la permanencia y me iban rotando por todas las zonas de la Isla. A los 2 o 3 meses me asignaron la gerencia de una zona específica. Gané una competencia por el mayor aumento en ventas en esa zona entre todas las del país. El premio otorgado consistió en llevar a 50 de mis mejores vendedoras a un crucero por el Caribe. Todo esto sucedió antes de cumplir un año desde mi nombramiento. Estuve 5 años en esa zona cosechando frutos. Luego, me trasladaron a otra área de mayor extensión territorial y logré otros premios como viajes a Madrid, Portugal y París.

Trabajé súper fuerte para poder ayudar a mi esposo con la responsabilidad de nuestra familia. Ahora me doy cuenta que al dedicar tantas horas a este trabajo, lo descuidé un poco, aunque de antemano habíamos hablado sobre estas demandas de tiempo de mi empleo. Tengo que admitir que, en ocasiones, su comida no estaba a tiempo cuando llegaba del trabajo. A la hora de irme a la cama ya él estaba durmiendo. Cuando me acostaba, estaba tan cansada que no quería ningún contacto con él. Definitivamente, estos factores comenzaron a hacerle daño a nuestra relación.

Otro factor que también afectó nuestro matrimonio fue mi relación con sus padres. Su mamá prefería conversar con la esposa de su hijo mayor porque discutían los mismos temas: los artículos de una revista española, la moda, nuevos estilos, etcétera y esos realmente no eran mis intereses en ese momento. Sentía que nuestros mundos eran diferentes: el mío y el de ellas. No me sentía cómoda pues siempre he sido sencilla y dedicada a mi familia, mi trabajo y ninguno de esos temas me llamaban la atención. En ocasiones sentía que cuando mi suegra me visitaba era para ver si mantenía mi casa limpia y ordenada. Así lo sentía.

Mis suegros opinaban mucho sobre lo que debíamos o no hacer. Queríamos comprar una casa y no nos alcanzaba el dinero. Mi esposo le pidió dinero prestado a su papá y él se lo negó porque entendía que no estábamos listos para comprar. En otras palabras, que no estábamos lo suficientemente maduros para evolucionar. Todavía recuerdo la cara de asombro de mi esposo porque en todo momento pensó que nos iban a ayudar. Fue un golpe duro para él. Perdimos el dinero que ya habíamos entregado para separar la casa.

Eran demasiadas situaciones pasando a la misma vez para ambos. Estábamos luchando con tantas contrariedades: la situación económica, la relación con sus padres, mi trabajo que me consumía mucho tiempo y todo aquello que conlleva mayores responsabilidades. Queríamos salir adelante sin la ayuda de nadie pero nuestra difícil situación económica nos llevó al punto de la desesperación. Estábamos atormentados. Cada día la convivencia era más cuesta arriba y, joven al fin, tomé el camino más corto. Ya llevábamos 14 años de casados y, a insistencias mías, tomamos la decisión de separarnos. Era la primera decisión que tomaba sola en mi vida de casada y francamente tenía serias dudas si era lo mejor para los dos. Pero tan pronto nos separamos, mis cargos de conciencia por tomar esta decisión no me dejaban vivir. Me sentía culpable de todo.

Al cabo de 2 meses, su mamá, motivada por sus creencias religiosas, le recomendó que salvara el matrimonio. Obviamente, como cristiana, yo tenía que darle la oportunidad de arreglar nuestra relación. Por un lado, él deseaba regresar al hogar y, por otro lado, mis hijos lo extrañaban. Él era muy tímido e inseguro al tomar decisiones. Le daba vueltas a los asuntos y no se atrevía a tomar decisiones finales. Las decisiones, por lo regular, las tomaba yo. Si compramos la casa fue porque me monté en el carro y comencé a dar vueltas por el área de Guaynabo que me gustaba hasta que la conseguí.

Tomé la decisión, muy a mi pesar, de regresar con él. Sentía que él regresaba sólo porque su mamá se lo estaba pidiendo, pero no porque me quería. Le dije: "Vuelvo contigo pero con la condición de alejarnos un poco de tus padres". Entendía que ellos nos hacían el camino más difícil para poder vivir felices. Necesitaba que sus padres nos dieran espacio. Le dije que él podía ir a verlos y llevarle los nenes pero que por favor no vinieran a vernos. Y es que cuando venían a mi casa, yo dejaba de ser yo, me ponía súper ansiosa. Sentía que no teníamos temas de conversación. Además, me dolía que mis esfuerzos, luchas y sacrificios pasaran inadvertidos para ellos. Esa era mi percepción. Con la experiencia de vida que tengo ahora reconozco que, por el contrario, debí haber recurrido al diálogo en aquel entonces.

Volvimos y ¿sabes qué?, ¡no funcionó!

Aunque jamás nos levantábamos la voz, nunca nos insultábamos y todo aparentaba estar bien, en menos de un año, nuestro matrimonio comenzó a tambalearse. Los síntomas se comenzaban a sentir. De repente, mi esposo empezó a ausentarse de la casa mucho tiempo, no compartía con nosotros, no quería tener contacto conmigo, nada de diálogo. Por más que le preguntaba qué era lo que lo apartaba de mí, no lo aceptaba y no quería decir nada. Al ver su actitud, pensaba que nada le importaba, ni sus hijos, ni yo. Comencé a hacer mi vida aparte con mis hijos. Pasaba más tiempo en casa de mis padres, iba sola a las tiendas, al supermercado, a la iglesia y comencé a hacer todas mis salidas sin él y sola con mis hijos. Papi se dio cuenta, como siempre,

de que algo raro me ocurría. Me preguntaba y me preguntaba hasta que un día me desahogué con él. Me abrió nuevamente las puertas de su corazón y me aconsejó muchísimo. "Tu esposo jamás te va a perdonar que le cerraras las puertas a sus padres", me dijo muy sabiamente.

Una noche interrogué a mi esposo insistentemente. Le hice preguntas sobre su comportamiento, si existía otra mujer en su vida, si ya no me quería como antes,… hasta que lo llevé contra la pared, tanto, que él ya no pudo resistir y con un grito de angustia me dijo: "¡Es que ya no te amo!". Recuerdo las palabras 'ya-no-te-amo'… se quedaron como un martilleo en mi cerebro. Todavía me parece que las oigo. Me marcaron para toda la vida. En aquel momento, lo seguí cuestionando pues quería escuchar la confesión de que había otra mujer en su vida. Pero jamás me lo dijo. Después de esa acalorada y nunca olvidada discusión, él se marchó de nuestro hogar. Me tocaba a mí decírselo a mis hijos y me dolía.

Sentí que, de la noche a la mañana, el padre de mis hijos comenzó a tratarme como su enemiga. Ya no había amor. Ahora yo era su enemiga. ¿Por qué no fue sincero conmigo? Llegaron los días oscuros, el divorcio… ¿Con quién me casé? ¿Quién es este hombre?

Comenzaron las noches en vela, por la incertidumbre del futuro de nuestra familia, de mis hijos, mi propio futuro. ¿Cómo yo iba a pagar todas las deudas que teníamos? ¿Cómo le iba a decir a nuestros amigos que nos separamos? ¿Y en mi trabajo?

Caminaba todas las noches el pasillo de la casa después que se acostaban los nenes, que en aquella época tenían alrededor de 14, 12 y 10 años. ¡Dios mío!, horas y horas pensando qué iba a hacer! Entonces me preguntaba: *¿En qué fallé? ¿Qué hice mal? ¿Estoy fea? ¿Estoy gorda?* El complejo llega aunque seas la flaca más bella del mundo, y me visitaron todos los complejos. Cuando él me dejó, yo había bajado muchísimo de peso y estaba muy linda.

Sentí que, de la noche a la mañana, el padre de mis hijos comenzó a tratarme como su enemiga. Ya no había amor. Ahora yo era su enemiga. *¿Por qué no fue sincero conmigo?* Llegaron los días oscuros, el divorcio… *¿Con quién me casé? ¿Quién es este hombre? ¡Dios mío!* Este fue el peor momento de mi vida, el momento de la verdad, de saber con quién me casé. Creí que lo conocía pero no,… desconocía con quién me había casado.

Mi esposo se puso irreconocible. Irracional. Insensible. Pero lo lamentable de todo esto es que la bruja y la mala de la película era yo, según él. Las horas y los días que pasamos negociando el divorcio con el abogado fueron momentos dolorosos, que no se los deseo a nadie. Uno de esos días que llegué a la casa de mis padres a recoger a mis hijos, no pude aguantar más y me le eché a llorar encima a mami. Ella, con toda su ternura, lo único que me dijo fue: "¿Difícil verdad? Llora y desahógate".

Mi esposo me quitó las tarjetas de débito y de crédito. Las rompió en mi cara. Cerró las cuentas y me quedé sin nada. Sólo se le olvidó cerrar la de ahorro. La tuve que usar para gastos de mis hijos y cuando se enteró de que la usé, se puso rabioso y también la cerró. Se convirtió en mi enemigo total. Luego vino la llamada del abogado para decirme que él no quería dejar la casa a mi nombre, la quería dejar a nombre de mis hijos. Ese día lloré desconsoladamente porque esa casa se compró por mi insistencia, por los días que yo estuve dando vueltas en el auto buscando la que quería para nuestra familia. Si hubiese sido por él, no se hubiera comprado. Era demasiado indeciso y débil para tomar decisiones; y yo era la arriesgada, ¡era yo quien llevaba los pantalones! Son las cosas que realmente me dolían en ese momento y mientras más lo pensaba, más terrible me sentía. La persona de quien me enamoré era otra. ¡Cómo me costó salir de todo eso! De repente, me encontré sola, compartiendo a mis hijos los fines de semana con mi exesposo.

A los pocos meses de nuestro divorcio, descubrí que estaba enamorado de una compañera de trabajo. Jamás me lo admitió. Por personas que trabajaban con él, logré enterarme de quién era ella. Luego me puse a atar cabos y me di cuenta que era la mujer a quien yo le había hecho su evaluación en inglés porque él me lo había pedido, él quería ayudarla porque estaba sola con sus niños y necesitaba un aumento de salario. También recordé un día que llegué a la hora de almuerzo a su trabajo y cuando él venía saliendo de su oficina, de momento una mujer lo interceptó y le comenzó a hablar detrás de un muro, que desde donde yo estaba apenas podía verlos. Era ella.

Al quedarme sola, empecé a salir con mis amigas los fines de semana que mis hijos compartían con su papá. Comenzó un mundo nuevo para mí. Siempre fui de mi casa. De joven, me había dedicado a estudiar, a ayudar a mi mamá. El mundo externo era desconocido para mí. En muchas ocasiones me preguntaba: *Con tres hijos varones, ¿quién se va a fijar en mí?.* No quería estar sola. Necesitaba a alguien que me sacara por lo menos al cine. Al menos, me quedaba mi trabajo. Tenía que seguir triunfando. Tenía que hacerlo por ellos, por mis hijos. ¡Trabajé tanto! Le doy gracias a Dios que me ha hecho fuerte y me gusta trabajar. Me metí de cabeza en el trabajo pues era mi aliciente, era mi herramienta para olvidar el pasado. Me esforcé tanto que en el 1991, a los dos años de estar divorciada, me promovieron a gerente de división. Esa era mi meta. Ahora tenía oficina en la sucursal pues mi trabajo había sido de campo. En fin, sentía que la vida me devolvía un poco de lo que me había quitado. Las noches en vela, preocupada por la falta de dinero para mis hijos y para mí, se iban disipando. ¡Por fin, podía dar el viaje que tanto deseaba a *Disney World* con mis hijos! Fue lo primerito que hice. Me los llevé al viaje que ellos me pedían a gritos ya que se enteraron que su padre, después del divorcio, se fue sólo a *Disney World,* mientras que a mí siempre me decía que no había dinero para llevar a los nenes. ¡La vida comenzaba a pagarme! Algunas de aquellas espinas se convertían en rosas.

En el trabajo, como parte de mi adiestramiento, me enviaron a tomar un curso para mi nuevo rol en la empresa y conocí mucha gente ejecutiva que me hizo sentir feliz y realizada. Recuerdo en particular uno de esos ejecutivos, un padre de familia, muy orgulloso de su esposa e hijos, que me impresionó por su amor a su familia.

En ese momento de mi vida me sentía tan exitosa que decidí compartir con el padre de mis hijos mis nuevos logros. Con mis primeras comisiones del nuevo puesto, lo busqué en mi nuevo auto de la empresa para almorzar y le hablé de lo bien que me iba. ¡Él no tuvo que desembolsar dinero, pagué todo con mi tarjeta personal de crédito! ¡Qué bien me sentí! ¡Jamás olvidaré su cara! ¡Probablemente era un desquite de mujer joven abandonada, pero en ese momento eso me hizo sentir muy bien! Le pagué con rosas lo que un día me negó con espinas.

Algunas de aquellas espinas se convertían en rosas.

Una nueva oportunidad en mi vida

Ya había pasado 3 años desde mi divorcio. Una mañana me tocó supervisar a una de mis promotoras. Ella acababa de salir de la corte porque se había divorciado. Curiosamente, me invitó esa tarde a celebrar su divorcio. Me explicó que estaba tan contenta, que quería ir a un hotel a un *ladies' night*. Accedí y me fui con ella, ya que conocía muy bien esos sentimientos de celebración que surgen después del divorcio y de pretender olvidarse del trago amargo. Esa fue la noche que me encontré a René, mi compañero del curso de supervisión, aquel ejecutivo que me había impresionado por su amor a la familia. Casualmente también se había divorciado. Me contó que su divorcio se debió a la infidelidad de su exesposa. Nos contamos las penas y me invitó a bailar. Él era muy buen bailarín y el baile era mi pasatiempo favorito. ¡Qué noche más maravillosa pasé con René! No nos perdimos ni una sola pieza musical. Bailamos, bailamos y bailamos hasta el cansancio. Me compartió todos los detalles de lo acontecido con su divorcio y yo le conté del mío. La pasamos tan bien que quedamos en vernos nuevamente. Al otro día me llamó y hablamos muchísimo.

El viernes siguiente, se me apareció en casa cuando me visitaban unas amigas y compartió súper bien con todas ellas. Continuamos viéndonos y saliendo al cine, a bailar, a visitar amistades de ambos y, poco a poco, conocí parte de su familia. Su hermana

. Mi papá, que era un "zorro viejo", quedó muy impresionado al ver su trato conmigo y con mis hijos. Se llevaba muy bien con mis padres.

fue más que amable conmigo e hicimos mucha amistad. Llegó la Navidad y fueron muchas las fiestas de su trabajo y de mi trabajo que asistimos juntos. Cada vez me sorprendía más con sus principios y valores pues practicaba los principios y creencias de los Testigos de Jehová. Al mes de conocernos, decidí presentárselo a mis hijos y me asombró su trato con ellos. Se preocupaba por lo que querían comer porque era excelente cocinero. Si querían ir a algún sitio, abogaba por ellos. Como eran adolescentes, los llevaba al cine, a las fiestas de marquesina, a las actividades escolares y, si era necesario, los buscaba a cualquiera de estos sitios. Me ayudaba mucho con mis hijos. El día de San Valentín se presentó con un oso súper gigante y con unos chocolates. Mi papá, que era un "zorro viejo" (como él mismo decía), quedó muy impresionado al ver su trato conmigo y con mis hijos. Se llevaba muy bien con mis padres. A veces llegaba de sorpresa a la casa de mis padres antes de irse a su trabajo, les llevaba pan y tomaba café con ellos Nos tenía enamorados a todos, hasta a mis hijos. Conocí a sus dos hijas, que tenían edades similares a las de mis hijos y, como yo no tenía hijas mujeres, me fasciné con ellas.

Todo marchaba tan perfecto que decidimos casarnos a los cuatro meses de habernos conocido. Ya casados, fueron noches lindas las que pasé junto a él. Me cocinaba rico. No me dejaba hacer nada a mí. Noches de bohemia, música, vino, baile. Le encantaba poner canciones de Cheo Feliciano, bailarlas y llevarme hasta el suelo al finalizar la pieza, besarme... ¡Yo también le hacía el show! Me montaba en el sofá, le bailaba y le cantaba. ¡Fueron momentos hermosos!

De la noche a la mañana -porque no puedo precisar cómo, ni cuándo, ni qué pasó- dejó de entender las necesidades de mis hijos y comenzaron a ser una carga para él. Los chicos empezaron a resentir sus reclamos. No quería llevarlos a las actividades de ellos, no tenía deseos de ayudarme con sus salidas al cine o a la casa de sus amistades. Quería dejarlos encerrados en la casa. Prefería que se fueran con su papá. Empezaron las peleas entre nosotros porque ahora mis hijos le molestaban. Mi hijo mayor tuvo una discusión con él porque usó su auto sin permiso, como todo joven atrevido. René, en vez de dejarme a mí manejar la situación, le ofreció pelear a los puños. La situación cada vez se ponía más tensa y yo no sabía qué más hacer. Entonces, le pedí a su papá que se lo llevara por un tiempo en lo que resolvía esto. Gracias a Dios que él me ayudó en este proceso.

René no estaba preparado para casarse tan pronto. Yo había sanado las heridas de mi matrimonio anterior pero él no, aún sangraba por las suyas. Su esposa le había sido infiel y él no se lo perdonaba, ni siquiera a él mismo. Todo el tiempo le hablaba a la gente que se encontraba en su camino de la infidelidad de su esposa anterior. Estaba obsesionado con esa experiencia que ya había pasado y no la superaba. Por más que se lo suplicaba, no mejoraba. Un día me detuve en el colmado cercano a mi casa para comprar dos o tres comestibles que hacían falta y, cuando fui a pagar, la dueña del negocio, a quien conocíamos bien, me dijo: "Pobre René, me contó lo de su exesposa. ¡Qué mucho sufrió!". Me puse furiosa. Oculté mi enojo y le pregunté: "¿Cuándo vino por aquí?, digo, para no comprar lo mismo que él", y me dijo que la noche anterior. Llegué a casa frenética, cosa que no acostumbro. Ya habíamos tenido esa conversación en la semana. Le dije tantas cosas que ahora ni me acuerdo. Traté de que reaccionara pero no hubo forma ni manera. Si yo hablaba con alguien cercano a nosotros, volvía a mencionarme lo mismo. Continuó con esta conducta de hombre herido y empezamos a tener roces, ya no me tomaba las manos, me ignoraba, me gritaba y se ponía malcriado porque no estaba preparado para una nueva relación y menos conmigo. La infidelidad de su ex lo tenía enfermo. Comenzó a tratarme mal. Me hizo pasar vergüenzas con sus amistades, con sus contestaciones, con sus malacrianzas. Sufrí mucho con su indiferencia. Yo no existía. Él no llegaba temprano. Hablaba poco conmigo. Me llevaba a las actividades y luego me ignoraba como si fuera invisible. Recuerdo que en un evento de su trabajo me ignoró la mayor parte del tiempo. A la hora de la cena, las personas comenzaron a hacer fila para servirse la comida y él me dejó en la mesa sola y se fue a hacer fila sin mí. Fui donde él y le dije que quería acompañarlo en la fila y, frente a sus compañeros, me dijo en tono burlón: "Si tienes hambre puedes hacer la fila tú misma, no tengo que servirte". Sus amigos se rieron y yo me reí "con las muelitas de atrás", como decimos en Puerto Rico cuando hacemos un gesto para fingir lo que no sentimos. Me alejé de su lado y me dirigí a nuestro auto a llorar por su grosería. En otra ocasión - siempre estaba tratando de agradarle- le tomé su mano para acariciarlo, pero él me la quitó de mala manera y me pidió que lo dejara en paz, que se sentía deprimido.

Tan pronto pasaron estos últimos sucesos, y apenas llevábamos seis o siete meses de casados, se cantó enfermo en su trabajo por depresión. En el trabajo lo refirieron al psiquiatra. Tras esta cita dejó de trabajar, le sugirieron descanso y comenzó a tomar antidepresivos. Debido a su situación de salud, la única persona que trabajaba en el hogar era yo. Entonces, me pidió que hiciera un préstamo para ayudarle con sus deudas y, claro, lo solicité y me corrí el riesgo de que quizás tuviera que pagarlo yo; y así sucedió. Durante su crisis de salud, siempre lo traté con el mayor amor del mundo para ayudarlo a que volviera a ser él mismo. Me conformé con lo poco que la relación me brindaba. Yo a su lado y él en silencio. Hasta tomé vacaciones para atenderlo, para cuidarlo y sólo recibí desprecio. Ni siquiera le interesaba la vida íntima conmigo. Ponía de excusa que le dolía una hernia que tenía en la ingle. El cirujano certificó que necesitaba una intervención quirúrgica y le operaron la hernia. Pasé días

Yo había sanado las heridas de mi matrimonio anterior pero él no, aún sangraba por las suyas.

con él en el hospital. Nuevamente me dediqué en cuerpo y alma. Pero estos cuidados, a juzgar por su conducta conmigo, parecían no significar nada para él. Le pedí tanto a Dios porque quería que todo se resolviera para bien. Le pedí a Dios que me ayudara, que todo volviera a ser como los primeros días. Pero ahora pienso que él, al casarse conmigo, lo único que quería era probarle a sus compañeros de trabajo que me había "tumbado", o sea, que me enamoró, que logró conquistar la chica linda del seminario, como él siempre decía.

Me conformé con lo poco que la relación me brindaba. Yo a su lado y él en silencio.

Aproximadamente dos meses después, René regresó a su trabajo. Recuerdo que lo llamé en una ocasión para hablarle de algo importante. No sé por qué decidí jugarle una broma que me salió un poco cara. Al contestarme desde su oficina, fingí la voz y me hice pasar por una amiga de él. Sólo me identifiqué como "una amiga" y lo reté a adivinar quién era. Para mi sorpresa, René me dijo el nombre de otra persona. Me quedé tan perpleja que le dije, esta vez con mi voz entrecortada: "Soy yo". Comenzó a reírse con una risa nerviosa y me dijo que me había dicho otro nombre a propósito para ver mi reacción. Algo me decía que me mentía y comencé a dudar de él. Ya llevábamos un año y tres meses de casados.

Pasaron como dos semanas del incidente sospechoso y un viernes que mis hijos se habían ido a pasar el fin de semana con su papá, me llamó y me dijo: "Vamos a bailar esta noche, prepárate". ¡No podía creerlo, por fin! ¡Estaba tan feliz! Me sentía regia con un traje negro espectacular, mis tacones altos, me puse mis prendas preferidas y con copa de vino en mano lo esperé con ansias. Dieron las siete de la noche, me senté en el balcón a esperarlo. Pasaban las horas y René no llegaba, comencé a preocuparme, pensé que había tenido un accidente pues nunca había hecho eso, así que lo comencé a llamar, pero jamás contestó mis llamadas, ni mis mensajes. Llamé a su hermana desesperada por su ausencia y, entonces, ella también preocupada, visitó todas las salas de

Me sentía regia con un traje negro espectacular, mis tacones altos, me puse mis prendas preferidas y con copa de vino en mano lo esperé con ansias. Dieron las siete de la noche, me senté en el balcón a esperarlo. Pasaban las horas y René no llegaba,

emergencia y nada. No aparecía. René nunca llegó. Recuerdo que no dormí esa noche. Al otro día, René llegó como si nada hubiera pasado, se bañó y volvió a irse. Continuó una semana así, sin dirigirme la palabra. El próximo fin de semana se fue para Mayagüez con su mamá, a pasar, supuestamente, esos días con ella. Me dejó sola. Me reuní con mis amigas en la casa de una de ellas y no pude fingir más. Comencé a llorar desconsoladamente. Les dije a mis amigas que deseaba hacerle las maletas y sacarlo de mi apartamento. Mis amigas estaban tan indignadas que me dijeron: "¿Para qué vas a hacer maletas? ¡Ponle toda la ropa en bolsas de basura y tíralas al pasillo del edificio!". Irónicamente, estas fueron las mismas amigas que me ayudaron con la preparación de mi boda con René.

Ese domingo, él llegó bien tarde de Mayagüez y se fue al cuarto de mis hijos a dormir solo, pues desde que se perdió el fin de semana anterior, jamás le permití volver a acostarse en mi cama y mis hijos dormían conmigo. No sabía qué enfermedad podía traer. Por la mañana, tan pronto mis hijos se montaron en mi carro, cogí toda su ropa y, sin que ellos me vieran, se la puse afuera en bolsas, como me indicaron mis amigas. Fui al cuarto y le hablé en tono firme: "René, toda tu ropa está afuera, levántate, vete a trabajar y cuando yo regrese del trabajo, no quiero verte más aquí". Y así fue, cuando llegué ya se había ido. Inmediatamente, comenzó a llamarme. Me llamó millones de veces y jamás le contesté, con dolor en mi alma, porque a pesar de todo era mi esposo y lo amaba. Como no le contestaba las llamadas, se atrevió a ir a mi trabajo y, por supuesto, no salí a recibirlo pues no se lo merecía. Sólo lo llamé para decirle que fuera a la cita con el abogado.

Después de todo esto, a René se le ocurrió citarme pues quería verme antes del divorcio (a ver si me ablandaba el corazón). Alegaba que ya había salido de su depresión, que me amaba y no quería perderme. Le dije rotundamente que no. Ya no quería estar con un hombre que no le interesaba hacerme feliz. Recuerdo que me dijo: "Eres mujer de decisiones firmes". Hasta derramó lágrimas -me imagino que de cocodrilo. Teatro, puro teatro. René hizo muchos más acercamientos para que lo perdonara pero nunca accedí. Siguió llamándome, invitándome a almorzar y regresó varias veces a mi trabajo pero, volver con él, hubiera sido volver a lo mismo y no respetarme a mí misma.

Nuestra relación duró un año y cuatro meses. Cuando me casé con él, pensé que me había ganado el premio mayor pero ¡no! Él no esperaba lo del divorcio y pensó que yo toleraría esa conducta. ¡Jamás! No nací para eso. No tolero la traición. Su hermana me llamó para persuadirme y abogar por él. Puedo perdonar muchas cosas menos la infidelidad.

Finalmente, llegó el día del divorcio. Cuando salimos del tribunal, me invitó a comer algo y accedí. Me entregó su aro de matrimonio y me dijo: "Guárdalo para cuando nos casemos nuevamente". ¡Qué atrevido!, ¿verdad? Me fui, supuestamente feliz, pero con mi corazón roto.

¡Otro divorcio! Vi mi vida amorosa hecha trozos. Nuevamente me quedaba sola. Lloré hasta el cansancio y le volví a reclamar a Dios: *¿Por qué?, ¿por qué a mí?, ¿por qué otra vez?, ¿qué está pasando?, ¿te olvidaste de mí?, ¿no tengo derecho a ser feliz?* Pero no hubo respuestas. Solo sentía las espinas.

Ante eventos de infidelidad, la autoestima tiende a lacerarse a pasos agigantados. Me sentía tan poca cosa. Esta experiencia me

¿Por qué otra vez?, ¿qué está pasando?, ¿te olvidaste de mí?, ¿no tengo derecho a ser feliz? Volví a reclamar a Dios: pero no hubo respuestas. Solo sentía las espinas.

asustó de tal manera que decidí cerrarle las puertas al amor. ¿En qué momento se acabó la magia? En el momento en que sus quejas por la infidelidad de su exesposa fueron constantes unido a su propia infidelidad conmigo. Se cayó del pedestal en el cual lo tenía colocado.

Realmente, me costó trabajo confiar nuevamente en mí y en los hombres. ¿Cómo podía volver a confiar? Desconfiaba de toda persona que se me acercara. Me preguntaba por qué había fracasado dos veces -en aquel momento, veía estas experiencias como fracasos- y no podía encontrar un hombre bueno. Volvieron todas las inseguridades a apoderarse. Era necesario volver a trabajar con mis yos. Buscaba la felicidad en un hombre y lo había escogido a él. Tenía una mezcla de sentimientos, todos encontrados. Quería tener marido y, a la vez, no deseaba pasar por lo mismo nuevamente. Recuerdo cómo me saboteaba. Unas veces deseaba tener la compañía y el afecto de un hombre y a la vez me torturaba con el pensamiento de que *con tres hijos, ¿quién carga conmigo?* Le rezaba tanto a Papá Dios para que enviara a mi vida un hombre bueno que me aceptara con mis tres hijos y lo veía tan difícil. Le pedía que hiciera ese milagrito conmigo.

Ante eventos de infidelidad, la autoestima tiende a lacerarse a pasos agigantados. Me sentía tan poca cosa.

Traté de contestarme todas las preguntas de lo acontecido. No encontré respuestas. Sencillamente se buscan culpables, a ver si el culpable finalmente es uno mismo. Lidiaba con esta culpa que comenzaba a darme vueltas en la cabeza y a preguntarme: *¿Qué hice mal? ¿Qué debo cambiar en mí o mirar en un hombre para elegirlo?* Con ese nuevo divorcio, la mente me volvió a traicionar: *¿Por qué a mí, si sólo lo que quiero es ser feliz? ¿Qué es el amor? ¿Existe la felicidad o sólo son momentos de felicidad?* Comencé a pensar que la felicidad era relativa, que uno se ajusta a la felicidad. En ocasiones uno se conforma o uno se convence que equis cosa es felicidad. Tema muy extenso. Me pregunté si la felicidad es lo que uno quiere sentir en un momento determinado; si dependía de un estado de ánimo. *¿Estás dispuesta a aguantar lo que sea? O, sencillamente, ¿la felicidad te pasa por el frente, te ríes de ti mismo y sigues tu camino?* Preguntas que, para mí, tenían todo el sentido del mundo. La mente me traicionaba y me seguía cuestionando: *¿Soy fea? ¿Soy gorda? ¿Qué hago mal?* No hallaba contestación. Sólo preguntas, preguntas y más preguntas que, definitivamente, nadie te va a contestar y, en ese estado emocional, mucho menos tú misma.

Decidí dedicarme solamente a mis hijos. No quería lastimarlos nuevamente. Deseaba lo mejor para ellos, que ya tenían 17, 15 y 13 años de edad. Mi hijo mayor me necesitaba; se había ido un tiempo con su papá y regresó a casa. Gracias a Dios, todo volvió a la normalidad. Estábamos todos tranquilos. Yo estaba trabajando más que nunca para darles a mis chicos todo lo que necesitaban. Mi trabajo se convirtió en mi compañero fiel.

Intento desacertado

A los tres años de haberme divorciado de René, una amiga comenzó a invitarme a un retiro espiritual para divorciados. Fue tanta su insistencia que finalmente decidí asistir con ella. Allí conocimos a muchas personas de nuestras edades, entre los 30 y los 40 años. El grupo era grande y la gente muy llevadera. Me tocó sentarme en una fila donde los participantes eran de lo más conversadores. Tomábamos los ratos libres todos juntos y compartíamos muy cordialmente. Hicieron una misa en la tarde del sábado. En el momento que le tocaba a los dirigentes la imposición de manos, me sentí incómoda pues desconocía que la Iglesia Católica, incluía ese rito en la celebración religiosa. Me crie y trabajé en colegios católicos y jamás había visto esa modalidad en las ceremonias religiosas, tampoco los domingos cuando asistía a la misa. No me gustó para nada. Me salí del salón y me senté en unos bancos afuera. De repente, se me acercó un hombre del grupo participante y me preguntó por qué me había salido. Le conté sobre mi malestar. Veía cómo la gente se desmayaba cuando le imponían las manos, y eso, de cierta forma me asustaba pues nunca me ha gustado perder mi control. Francamente, no quería tener esa experiencia.

Por alguna extraña razón, me quedé mirando el rostro de este hombre. Me parecía un santo. Su cara me inspiraba tranquilidad. En nuestra conversación, me contó que se había

Por alguna extraña razón, me quedé mirando el rostro de este hombre.

divorciado por su mal carácter. ¡Era imposible! ¡Con aquella cara de dulzura! Parecía un cordero. No le creí nada de lo que me decía. Además de ser creyente, lo encontré guapo: la combinación perfecta para un hombre.

El retiro duró tres días. El último día intercambié teléfonos con las nuevas amistades del grupo y quedamos en coordinar para salir a pasear. Ese próximo viernes nos citamos en un club para compartir un rato. Sólo asistieron los compañeros que vivían en el área metropolitana. El caballero creyente que yo encontraba guapo no pudo asistir a la actividad. La pasamos muy bien. Bailamos, cantamos, recordamos los tres días del retiro y pasamos lista de los compañeros que no estaban presentes. En fin, fue una muy buena velada.

El siguiente domingo llegué a casa y encontré varias llamadas en mi contestadora. Casualmente, los mensajes eran del compañero de retiro que me había comentado de su divorcio por su mal carácter. ¿Recuerdan? El de la cara de santo. Su nombre era Manuel. Vivía en San Germán, un pueblo ubicado al suroeste de Puerto Rico. Me sorprendió ver tantas llamadas perdidas en la contestadora y -les confieso- me alegré de esa insistencia. Pensé: *'Wow!' ¡De verdad que tiene interés en hablar conmigo!* Al otro día lo llamé y le comenté lo bien que lo habíamos pasado en grupo y que lo extrañamos. Le pregunté si tenía planes para el siguiente fin de semana porque mi amiga y yo pensábamos dar un paseo a Joyuda, en Cabo Rojo, al oeste de la Isla, un área turística con playas hermosas. En ese momento, no sabía si alguien más del grupo nos iba a acompañar. Manuel se puso bien contento y me dijo que contara con él. Sugirió que invitáramos a otro compañero del retiro que vivía cerca. Lo llamé y accedió a ir con nosotros.

Finalmente, llegó el día. Nos encontramos todos, mi amiga Wina y yo, con Manuel y José en una estación de gasolina en

Joyuda. Manuel estaba en su auto y José en el suyo también y decidimos irnos todos en el carro de José, los chicos al frente y nosotras en el asiento de atrás. Seguimos para Rincón a ver el faro del pueblo y caminamos por el área. Hablamos, reímos, nos contamos de los respectivos divorcios y luego almorzamos en el pueblo de Aguada. ¡Manuel tenía buen humor! Se pasaba haciendo chistes. Era una máquina de chistes. Uno detrás del otro. ¡Hasta se me salían las lágrimas de tanta risa! Y comencé a preguntarme cómo era posible lo que él decía, que lo dejaron por su mal humor. ¡Increíble! Cuando terminamos el pasadía, cada cual se fue por su lado y regresé con mi amiga a Guaynabo donde vivía. Pasamos un día maravilloso.

Después de ese día, Manuel me siguió llamando durante toda la semana. En una de esas conversaciones, me comentó que estaba durmiendo en la casa de su padre para acompañarlo, pues su papá se recuperaba de una fractura en el brazo. Ese detalle de preocuparse por su papá hizo que mi admiración por él creciera. Decía mucho de él.

En una conversación telefónica hicimos planes para que él viniera a visitarme un sábado. Ese día viajó a Guaynabo y se le hizo difícil llegar a mi casa pues no existían los celulares como ahora. Me llamó de un teléfono público para ver si estaba muy lejos. Para nuestra sorpresa, me estaba llamando del teléfono frente a mi apartamento. Nos reímos muchísimo porque nos podíamos mirar desde su teléfono público y mi tercer piso… y sí, estaba *bien* cerca. Ese día fue muy especial. Nos dimos cuenta que nos gustaban los mismos cantantes, como José José y Ednita Nazario, y que éramos amantes de la música. Escuchar música era mi pasatiempo. Manuel escuchaba a alguien cantar y decía el nombre del cantante en el momento. ¡Era impresionante cómo conocía tanto de música! Preparé aperitivos, bebidas, comida. En fin, todo bien chévere. Compartimos como lo hacen dos buenos amigos. Pasó todo el día conmigo y luego se marchó.

El próximo fin de semana, tenía en agenda un viaje para Virginia, EEUU, con dos de mis hijos. Íbamos a casa de una buena amiga americana que había conocido en un crucero cuando estaba casada con René. Habíamos mantenido la comunicación y estábamos ansiosas por vernos. Manuel quiso venir a visitarme para despedirse de mí. Conversamos de todo un poco y cuando se despidió, me dio un abrazo grande de oso que me derretí. ¡Fue tan rico! No puedo describirlo. Probablemente los dos estábamos faltos de cariño y duró tanto que todavía puedo recordarlo. Sin palabras, todo en silencio. No hacían falta las palabras. Nadie dijo nada. Él se acomodó en su carro deportivo, me miró, sonrió y se marchó. Al llegar a su casa, me llamó para decirme que había llegado bien. Me preguntó si podía llamarme a casa de mi amiga en Virginia y le dije que sí. Anotó todo y me deseó buen viaje.

Cuando llegué a Virginia, mi amiga Lilly me esperaba en el aeropuerto con su esposo. Al llegar a su casa, me instalé y comenzamos a compartir. Le conté de mi nuevo amigo. Ella se alegró muchísimo y me dijo: "Pues vamos a ver si el galán tiene interés y llama". Como prometió, lo hizo. Sonó el teléfono y Lilly corrió a mi habitación con los ojos encendidos y bien abiertos y me hizo señas de que se trataba de él. Hasta me puse nerviosa pues mis hijos estaban presentes y hablamos muy poco. Me llamó como en dos ocasiones más. Era muy fascinante para mí. De verdad que tanto interés me llenaba de alegría. Ya me interesaba de verdad.

Regresé a Puerto Rico y siguieron sus llamadas. En una de esas llamadas me dijo que jamás le habían gustado los ojos verdes, sin embargo, los míos lo habían cautivado. Me comenzó a lanzar piropos y ya yo estaba cayendo rendida. Esta vez me decía a mí misma que tenía que ser cautelosa, pero aun así, hablaba todos los días con él y le preguntaba sobre su vida y milagros. Descubrí en Manuel muchos valores como hombre, como la fidelidad que me aseguraba todo el tiempo que siempre tuvo con su ex, su base religiosa, lo buen amigo que era y la gran cantidad de amigos que tenía. Podíamos estar horas escuchando música por teléfono. Eso me fascinaba. Era increíble que existiera alguien con gustos tan parecidos a los míos. El amor por la música era mutuo.

Más allá de la enfermedad

Recuerdo una ocasión en que me sentía enferma y él acababa de llegar a casa de visita. Se ofreció a llevarme al médico y accedí. Fue la primera vez que me encontraron alta la presión arterial. Me recetaron unos medicamentos que me dieron sueño. Él se quedó a mi lado cuidándome y hasta compró comida para cuando me despertara. Mis hijos estaban en mi casa y quedaron impresionados con él porque les dijo que no se preocuparan por mí, que él me cuidaba. Me cuentan mis hijos que él no se despegó de mi lado. Estuvo como un soldado todo el tiempo velando mi sueño. Después de este episodio, me declaró estar enamorado de mí y me pidió darle la oportunidad de desarrollar una relación sana entre los dos. Accedí con miedo. Me dije: *Es una gran oportunidad, inténtalo.* Al menos Manuel sufrió con su divorcio, pero buscó ayuda espiritual y superó su dolor, contrario a René. En eso estaba súper clara.

Lo que me inquietaba y no acababa de descubrir era su supuesto mal genio, del cual él me hablaba, pero yo no lo veía. Lo único que pude notar fue que se molestaba conmigo por pequeñeces como, por ejemplo, las horas que podíamos hablar. Llegaba tarde de mi trabajo y muy cansada. Luego de terminar las tareas del hogar y las responsabilidades con mis hijos, acostumbrábamos llamarnos por teléfono. En varias ocasiones, la conversación se prolongaba tanto que el sueño me vencía. Si le decía que deseaba colgar, él no quería y se molestaba conmigo. Reclamaba que mi sueño se debía a que estaba aburrida de hablar con él. También noté que si me llamaba al trabajo y tardaba en contestarle, refunfuñaba porque él entendía que para mí los demás, especialmente mis compañeros de trabajo, estaban primero que él. Pero bueno, ponía en una balanza sus cualidades y lo cariñoso que era cuando quería halagarme. Además, sabía que ese hombre jamás me sería infiel, pues siempre me afirmó que le fue fiel a su esposa anterior, por lo tanto, tampoco lo sería conmigo. Para mí era 2 + 2 = 4. Pensaba que lo mejor para que funcionara nuestra nueva relación era pasar por alto estos factores que yo catalogaba como inmadureces. Consideraba más importantes sus valores religiosos y el asegurarme que, basado en ellos, me sería siempre fiel.

Sabía que ese hombre jamás me sería infiel, pues siempre me afirmó que le fue fiel a su esposa anterior, por lo tanto, tampoco lo sería conmigo.

Lo encontraba maravilloso. Manuel no entendía por qué me había divorciado en dos ocasiones anteriores. Tampoco yo entendía las razones de su divorcio, porque nunca vi ese supuesto mal humor. Al contrario, teníamos mucho en común. Nos gustaba la música, mirar carros juntos ya que él los compraba y los vendía, pasear por el campo, invernar en la casa mirando televisión y comer cuando nos daba hambre. Parecía ser mi pareja perfecta. Comenzamos a darnos cuenta que el amor había crecido cada día más y al cabo de 4 meses de relación, ya no podíamos separarnos.

La mayor parte del tiempo él venía a verme a Guaynabo. Decía que prefería alejarse de su casa los fines de semana pues tenía su propio taller de mecánica allí mismo y aún los sábados y domingos, los clientes solicitaban trabajos urgentes. Ese factor de tener negocio propio me gustaba porque le ofrecía flexibilidad de tiempo que podía dedicarme a mí, no como mis otros exmaridos que eran ejecutivos de compañías privadas y, por ende, su tiempo estaba más comprometido. Manuel podía tomar días libres cuando quería y estar conmigo en la semana aunque yo saliera a trabajar. Él iba a estar en casa esperándome. Cuando me ganaba los viajes por venta, podía sacar tiempo para estar conmigo una o quizás dos semanas. Nos fascinaba estar juntos.

Por fin ya había encontrado la pareja perfecta: un santo.

Por fin ya había encontrado la pareja perfecta: un santo. Comencé a ganar peso pues de noche le encantaba que compartiera con él sus gustitos, bizcochos, galletitas y variados dulces acompañados con su vasito de leche. Era bien dulcero. Dejé de preocuparme por mi peso porque por fin había encontrado a alguien que me quería como yo realmente era, sin importar como me viera.

Anhelaba ansiosamente que llegaran los fines de semana para verlo y estar con él. Cuando mis hijos se iban con su papá, yo viajaba a San Germán. Quise sorprenderlo cuando iba a cumplir 44 años. Por la manera cariñosa en que se refería a sus amigos, decidí llamarlos y prepararle una fiesta sorpresa en la pizzería de un amigo de él en Cabo Rojo. Compré todos los adornos y me puse de acuerdo con su mejor amigo por teléfono (sin conocerlo) para que fuera a una actividad que tenía de mi trabajo en el área oeste. Él llegó, me buscó, en ese momento nos conocimos y le entregué todo lo de la fiesta. Esa noche llegué a la casa de Manuel y le pedí me llevara a conocer a su amigo de la pizzería. Él quería ir a otro lugar pero lo convencí. Cuando llegamos allí, estaban esperándonos todos sus amigos con sus parejas y gritaron: "¡SORPRESA!". ¡Todo salió de maravilla! Él no podía creer que yo contacté a todas sus amistades sin conocerlas para que estuvieran presentes esa noche. Obviamente sus amigos quedaron muy impresionados conmigo y yo con ellos. Manuel estaba tan contento que me dijo cosas hermosas incluyendo lo mucho que me amaba.

Todo parecía perfecto, sin embargo, en algunas ocasiones, si se molestaba por algo, se escondía en su casa. No quería salir. Él mismo me decía que se sentía deprimido. Admito que me comencé a preocupar por esos cambios de ánimo. Me decía que deseaba estar solo y le sugerí que se hiciera chequeos médicos. Decía que todo estaba bien y luego, al otro día volvía a ser él.

El esperado viaje a Australia

A los ocho meses de estar saliendo con Manuel, me gané un viaje a Australia, por mis resultados en ventas en la división que dirigía. El viaje era para dos personas. Quería que él me acompañara. Tomé en consideración que durante toda nuestra relación, Manuel siempre aprovechaba la mínima oportunidad para ofrecerme matrimonio y me pareció la ocasión perfecta. Decidí aceptar su petición de casarme con él. También lo hice por el amor tan grande a mi padre y respeto a sus creencias en los cimientos del matrimonio y de esta forma no iba a viajar con un "desconocido", como lo iba a ver mi padre. El día antes del viaje, fuimos a la corte con dos testigos y un juez nos casó. Al terminar el casamiento cada cuál siguió su rutina normal, yo a mi trabajo y él al suyo.

Nos fuimos al viaje de Australia, que fue muy largo, pues viajamos de Puerto Rico a Miami, luego a Los Ángeles y, finalmente llegamos a Australia. Fue un viaje de 14 horas, en un avión de dos niveles y casi vacío. Era como tener un avión privado. Hasta nos obsequiaron con champán al enterarse que estábamos recién casados. Todo estuvo excelente pues dormimos la mayor parte del tiempo y descansamos muchísimo.

Llegamos al hotel y de ahí en adelante comenzó mi terrible dolor de cabeza. Protestaba por todo. Nada le gustaba. Yo le molestaba. La comida le molestaba. Las actividades no eran lo que esperaba. Lo único que hizo fue hacerme sufrir con ciertas conductas y peleas, como por ejemplo, si yo no deseaba comerme un plato de carne de canguro, él quería casi obligarme a hacerlo. Si quería pararme a bailar con todos los compañeros ganadores del viaje, me aguantaba y no me lo permitía. Desde que llegué al hotel empezó con sus malos humores.

Llegamos al hotel y de ahí en adelante comenzó mi terrible dolor de cabeza.

Recuerdo que esa noche hacía frío en Sídney. Cuando salimos de una actividad en un hotel, dos parejas del grupo ganador del viaje querían caminar hasta el hotel donde nos hospedábamos. Yo no quería porque soy muy friolenta. Manuel me obligó a caminar y me hacía comentarios burlones: "Tú eres bien floja... aguanta el frío... si yo puedo, tú también". Me trató de una manera necia, sólo porque quería que me pareciera a él en todo, hasta para soportar el frío. Imaginen cuánto frío estaba haciendo que una de las parejas no aguanto más y se montó en un taxi para llegar al hotel. Intenté montarme pero Manuel no me lo permitió. Cuando llegué al hotel, estaba temblando de los pies a la cabeza. Al acostarnos, aún estaba tiritando del frío y su respuesta fue que yo estaba haciendo un *show*. La frustración de esa noche no me dejó dormir. De verdad que tuve que hacer de tripas corazones.

Durante el viaje lo que hizo fue criticar lo que yo decía o hacía. Si yo entablaba un diálogo con alguien, él me peleaba porque exigía mi atención. Si yo quería comer, pues no, tenía que ser cuando él decidía o me decía a toda boca frente a los demás: "Después no te quejes si estás gorda". Si caminaba rápido, me decía que no quería estar con él. Si el grupo quería hacer algo y yo quería descansar, me obligaba a estar de pie hasta el final. Si quería servirme y él todavía no quería comer, yo no lo podía hacer. Si me reía alto, me mandaba a callar. ¡Ay Dios mío, no podía creerlo! Era un suplicio estar a su lado. No me

dejaba ser yo y desde ese momento, empecé a ajustarme a él.
Digo a ajustarme porque decidí aguantar. Entonces pensé que,
probablemente, su conducta se debía a que era la primera vez
que viajaba tan lejos y quizás con tanta gente de países distintos
a su alrededor, se sentía un poco incómodo. Creí que era algo
pasajero.

Ya en Puerto Rico, comenzó a querer controlar los gastos que
realizaba con mi dinero. Yo ganaba un buen salario, lo suficiente
como para darme unos cuantos gustitos, e incluso, dárselos a él.
Obviamente no protestaba por lo que yo le regalaba. Todo lo
aceptaba. Pero si me veía entusiasmarme con un buen vestido,
una cartera hermosa o, muy en especial, alguna joya -mi delirio-
no me dejaba comprarlo. En cuanto a mis hijos, me decía que
le daba demasiadas libertades. Se ponía histérico si les daba las
llaves para entrar a la casa cuando llegaban de noche. Decía que
eso no estaba bien porque a él nunca le habían dado llaves de
su casa. Ni siquiera a los 18 años. Si él llegaba tarde, sus padres
lo dejaban afuera de la casa. Para mí era más importante saber
que mis hijos dormían seguros dentro de mi casa. Su crianza fue
a la antigua, sin embargo, yo entendía que esa no era la manera
de criar a mis hijos. La hora de llegada de ellos era motivo de
peleas para ambos e inmediatamente cambiaba su personalidad.
Comencé a sospechar que era bipolar. Para agradarle a él y
evitar peleas y enojos, decidí aguantar todo.
Este matrimonio tenía que ser para toda la vida.
Había que tolerar todo. Tenía que olvidarme
de lo que me gustaba e imitarlo a él en todo,
- pensaba.

Aunque estábamos casados, él seguía
viviendo en San Germán y yo en
Guaynabo. Nunca quiso hacer los
arreglos para estar más cerca de mí.
Le pedí mudarnos juntos. Le sugerí
que mudara su taller para el área metro,
pero ponía todas las excusas del mundo.

"Este matrimonio
tenía que ser para
toda la vida. Había
que tolerar todo. Tenía que
olvidarme de lo que me
gustaba e imitarlo a
él en todo,"
- pensaba yo.

Quería quedarse en su pueblo. Jamás lo abandonó por mí. A insistencias mías y para poder estar cerca de él, nos mudamos a Coamo, a pesar de lo lejos que este pueblo quedaba de mi oficina y de las escuelas y universidades de mis hijos. Hicimos un acuerdo de vivir juntos y viajar a nuestros respectivos trabajos la misma cantidad de horas todos los días. Coamo nos quedaba en la mitad del camino. Compramos una casa para vivir juntos. Al cabo de los 2 meses, dejó de quedarse en nuestra casa, porque se cansó de viajar a su trabajo y se quedaba a dormir en San Germán. Ese intento de vivir juntos fracasó, terminamos por vender la casa y vivir separados.

Para completar nuestro poco compartir como matrimonio, Manuel trabajaba algunos fines de semana como auxiliar en un centro de retiros espirituales. Ayudaba a todo el mundo allí. Él era muy "religioso", aunque no le gustaba acompañarme los domingos a la misa. La gente en el centro de retiros era pasión con él. Era *"candil de la calle y oscuridad de la casa"* cuando le daban sus ataques. Ya comenzaba a dejar ver señales de lo que me había mencionado: su mal humor. No se soportaba ni él mismo. Pese a su mal humor, trataba de convencerme de lo buen esposo que era, ya que por lo menos me había jurado que jamás me sería infiel.

Cuando te has casado tres veces, quieres convencerte de que el problema no eres tú.

Cuando te has casado tres veces, quieres convencerte de que el problema no eres tú. Fui muy dura conmigo misma pues me exigía y me flagelaba mentalmente. Aun cuando deseaba abrir mi boca y decir lo que pensaba, me mantenía en silencio. Lloraba con las malacrianzas que me hacía. Pero me consolaba el pensar que una persona tan religiosa, jamás me iba a ser infiel. Era una manera de aguantar y quedarme en la relación, aunque no era feliz. No quería pasar por un tercer divorcio. También influyó en mí el no querer llevar el estigma social de ser una mujer que se ha divorciado tres veces.

Tuvimos tantos desacuerdos. Pero yo batallaba para que la relación funcionara. Cada vez que peleaba, hacía sus malacrianzas de niño pequeño. Se montaba en su carro y arrancaba para San Germán a la hora que fuera. Luego venía casi llorando a los dos o tres días y me convencía de seguir con él, como si nada hubiese pasado. Manuel decía que mis hijos eran el motivo de la discordia entre nosotros. Cosa que definitivamente no era cierta. Insistía que yo era muy débil con la crianza de ellos porque eran jóvenes de 18, 16 y 14. Me siento sumamente orgullosa de la manera en que los crie pues hoy en día mis hijos son profesionales, buenos esposos y excelentes padres.

Su rutina se convirtió en enojarse, pelear y marcharse. ¿Quién era ese monstruo? ¿Mr. Hyde?

Sus actitudes ya comenzaban a molestarme. Su rutina se convirtió en enojarse, pelear y marcharse. Pero llegó al límite en una ocasión que fui a quedarme en su casa. Estábamos dando una vuelta en el auto y, porque no estaba de acuerdo conmigo en una discusión, me gritó. Me insultó e insinuó que yo estaba enamorada de alguien de mi trabajo. Me molesté tanto que le toqué el brazo y le dije: "¡Mira!, ¿cómo te atreves?". Me acusó de maltrato y me amenazó con ir al cuartel de la policía. Pasaron por mi mente tantas cosas: mis padres... mis hijos... mi trabajo... todo lo que había logrado con tanto sacrificio, que me dije a mí misma: *Cállate, no digas más nada.* No dije una palabra más. Me asusté. Me juré nunca más verlo. ¡No podía creerlo! Ese incidente fue la gota que colmó la copa. Me juré a mí misma divorciarme de él. Tomé mis cosas y me fui, en un viaje de casi dos horas, llorando a lágrima tendida. Otra vez desconocía con quién me casaba. ¿Quién era ese monstruo? ¿Mr. Hyde? Yo misma me decía: *Termina con esto.* Ya llevábamos casi tres años de casados.

Al otro día fui al primer abogado que me encontré en mi camino y le puse la demanda de divorcio. Me llamaba y no le contestaba. Quería que sufriera el maltrato que me hizo pasar. Seguí con los planes de divorcio sin hablar con él. El sacerdote me llamó para convencerme que no me divorciara de él. Aproveché para decirle que yo había tratado de mantener mi matrimonio, que hasta lo había llamado a él para que me ayudara y nunca me contestó. Se disculpó conmigo. Le expliqué cómo rezaba todos los días a Dios para que mi esposo se suavizara y esta relación mejorara; que pensaba que Dios se había olvidado de mí. Hablamos un buen rato y me convenció de tratar de arreglar las cosas. Así fue, lo llamé y traté de llegar a un acuerdo con él. Le pedí con todo mi corazón que buscara ayuda y se sometiera a un tratamiento que sólo así regresaba con él. Volvimos al mismo tiempo que se acercaba el día del divorcio. Cuando le propuse cancelar el divorcio, me dijo que si yo había sido tan valiente de demandarlo, que lo sostuviera hasta el final, que de todos modos él se sometería al tratamiento por mí. Cumplió su promesa. Las dos. Se sometió al tratamiento de antidepresivos y siguió hasta el final con el divorcio. El juez que vio nuestro caso, no se convenció mucho de divorciarnos pues vio que ninguno de los dos lo deseábamos. Pero nos divorció.

Aunque nos divorciamos, continuamos con la reconciliación. Él se portaba bien mientras estuviera medicado. Trabajaba tanto que volví a ganar otro viaje, ahora a Grecia y lo invité. Le rogaba a Dios que en esta ocasión fuera diferente. Volvió a hacerme sufrir en el viaje. Era como si él se transformara cuando estaba con la gente. La gente era más importante que yo, y yo estaba demás. Se ponía grosero conmigo. Me daba contestaciones rudas frente a otras personas. En ocasiones, se molestaba conmigo y me amenazó de no ir a actividades donde me premiaban. Se ponía difícil. En fin, también llegué frustrada.

Cuando dejaba el medicamento, todo era horrible otra vez: insultos, malos humores, reclamos por tonterías. En una ocasión hasta me acusó de prostituta. Veía cosas donde no las había. Se ponía celoso hasta de un compañero de trabajo a quien yo le doblaba la edad y que, para mí, era como un hijo. Yo volvía a convencerme de que era bipolar. Los médicos lo veían pero

nunca se la diagnosticaron. No entendía de dónde le salía acusarme de tantas barbaridades. Luego cambiaba nuevamente de personalidad y me decía que él no había dicho eso

La relación siguió deteriorándose, sus peleas, sus reclamos por mis hijos, su queja constante por mi trabajo, que me ocupaba mucho de mi tiempo y que era lo único que me importaba. Cuando me hacía los reclamos del trabajo, le decía que entonces iba a renunciar para que me mantuviera. Me lo prohibía. Él sabía que yo tenía un tremendo trabajo y que el taller no le daba para mantener mi nivel de vida. Trabajaba cuando le llegaban proyectos al taller y no siempre le llegaban. En ocasiones, no tenía ni deseos de trabajar por sus depresiones.

Fueron tantas lágrimas derramadas que ya no toleraba la situación. Volví a preguntarme: ¡¿Qué hice, Dios mío, metí la pata nuevamente?! Lloré, lloré y lloré amargamente.

Fueron tantas lágrimas derramadas que ya no toleraba la situación. Volví a preguntarme: *¡¿Qué hice, Dios mío, metí la pata nuevamente?!* Lloré, lloré y lloré amargamente. Ya tenía alrededor de 41 años. Una vez más me refugiaba en mi trabajo y, como le dedicaba tanto, me volví a ganar un viaje a Argentina. Él rápidamente se apuntó. Durante el viaje, hice amistad con una colega de California que me dijo que siempre buscaban personas bilingües que corrieran sus divisiones de ventas. Pensé que esa era mi salida: irme lejos y seguir desarrollándome en mi trabajo. Logré solicitar una relocalización y me trasladé a California. Él siguió su contacto conmigo y me fue a visitar. Me trasladaron temporeramente a Texas y él se fue corriendo detrás de mí. Tuvimos una discusión y decidí cortar con él de raíz, no podía seguir con esa relación enfermiza que para él sólo eran "diferencias". Regresé a California, esta vez a San José, y no le contestaba sus llamadas. Me dije que no podía continuar en lo mismo. Sabía que él buscaba la manera de contactarme pero me mantuve firme. Llamaba a mi mamá y la visitaba para saber de mí. No me dejaba tranquila.

Al cabo de los dos años, regresé a Puerto Rico porque mis padres comenzaron a enfermarse a la vez. Papi tuvo dos caídas, los pies no lo aguantaban debido a accidentes anteriores. Mami se me estaba debilitando y de momento empezó a querer descansar largas horas pues no tenía fuerzas para estar mucho rato de pie. A los dos había que hacerles muchos exámenes. Tomé la decisión de irme a vivir con mis padres para poder cuidarlos. Mi mamá me hablaba mucho de Manuel de que los llamaba a cada rato. Él era constante y persistente. En una de las hospitalizaciones de mami, lo vi en el hospital cuando llegué. Pero salí corriendo porque aún sentía mucho amor por él. Mientras tanto, me entero, por una conocida de ambos, que está saliendo con alguien de los retiros espirituales. Él, que me juraba amor eterno y decía que me amaba más que a la madre de sus hijos, había fallado a su juramento.

Mi papá había sido diagnosticado con Alzheimer y estaba encamado. Yo tuve una debilidad en una crisis de mi papá y lo llamé llorando para contárselo. Él vino corriendo a buscarme. Me estuvo tan bonito que se me olvidaron todos los corajes que tenía con él. Así comenzamos de nuevo. Otra vez a la batalla. Sólo que esta vez estaba un poco más a la defensiva. Dejé de ser la mujer cariñosa porque me juré ser fuerte con él. Él comenzó a resentir mi nueva forma de tratarlo. Continuaba como auxiliar en el centro de retiros espirituales y en una de las clausuras, me aparecí con mi hermana de crianza. Quería darle la sorpresa y compartir la clausura del retiro con él pues sabía que esa era la parte que más le gustaba. Lo noté nervioso e incómodo y en voz alta hizo un comentario al grupo: "Me quieren casar con una de las auxiliares". Todos sus

Él, que me juraba amor eterno y decía que me amaba más que a la madre de sus hijos, había fallado a su juramento.

compañeros se echaron a reír frente a mí. Comenzó la misa y no se me acercó para nada. Terminó la actividad y me fui para mi casa. Luego lo confronté y estaba raro. Luchaba con sus sentimientos porque siempre alardeaba de que era hombre de una sola mujer. Me sentí muy triste.

Quedaba pendiente otro viaje que me había ganado en el trabajo. Esta vez era a Tailandia. Tenía tantas esperanzas con el viaje y ahora, con esta situación que me había encontrado, no sabía qué hacer. Le pregunté si aún me iba a acompañar y si estaba seguro de querer acompañarme. Me dijo que sí. Le insistí que si no quería, no tenía que hacerlo. Pero dijo que sí, que seguíamos con los planes previos a los últimos acontecimientos del lugar de retiros. Comenzábamos por Los Ángeles, California, a insistencias mías, y luego pasábamos a Las Vegas, pues era él quien deseaba ir a ese segundo destino. Esa parte no estaba incluida en el viaje de la empresa pero ya yo había hecho los arreglos. Llegó nuestro viaje y fue perder el tiempo y el dinero. Él no se estaba disfrutando esos días conmigo. Su mente estaba en Puerto Rico.

Llegamos a Tailandia. Tampoco su mente estaba allí. Estuvo ausente. No peleaba pero, claramente, podía darme cuenta que su corazón estaba en otro lado. Le pregunté varias veces qué le sucedía, pero no decía nada, sólo que estaba en depresión. Me di cuenta que había llegado el fin de todo. Regresé a Puerto Rico y le pedí que no me buscara más. Él no me lo creía. Se fue lo más feliz y dejé de contestarle las llamadas.

Mientras tanto mi mamá cayó en diálisis. Mi papá seguía mal de salud. Un día llegué del trabajo y mi hermano me dijo que Manuel había estado por allí y que lo ayudó a bañar a mi papá. Me molesté tanto que lo llamé y lo insulté. Le dije que no fuera hipócrita, que si no me quería que tampoco quisiera a mis padres, que no volviera, que no quería verlo.

El encuentro

Cuando mi papá murió, les prohibí a los conocidos de ambos que se lo dijeran. Tenía tanto coraje con él. Cuando él se enteró, ya todo había pasado y gracias a Dios no lo tuve que ver.

Mi mamá murió un año después y esta vez él sí se enteró. Un conocido de ambos me llamó para preguntarme si Manuel podía ir a la funeraria porque apreciaba mucho a mi mamá. Recordé que mami también lo apreciaba. Para colmo, mi segundo esposo también se enteró por su hermana, quien me llamó al ver la esquela. René me preguntó si podía ir al cementerio pues no podía ir a la funeraria. Le dije que podía asistir. Además, y como dato jocoso dentro de lo serio del tema, el padre de mis hijos iba a ir a la funeraria. Por lo tanto, ¡qué más daba! ¡Que fueran todos!

Bienvenidos todos mis difuntos
a este momento de dolor.

Manuel volvió a hacer varios acercamientos. Fue tan atrevido que me pidió en muchas ocasiones que me casara nuevamente con él y en todas le dije que no. Al cabo de dos años, me llamó para decirme que se iba a dar una oportunidad con alguien que había conocido. Por esas causalidades de la vida, su nueva compañera y yo coincidimos y hablamos de mujer a mujer.

Durante la conversación me di cuenta que, efectivamente, me había sido infiel anteriormente. La relación, que él había negado, con una compañera de los retiros, fue tan cierta como la vi. Ya no sentía nada por él, pero la falta de honestidad me indignó. Gracias a Dios, esta vez no sufrí.

...y aquellas espinas se transformaron en rosas.

Las Estrategias

Introspección

Al hacer una introspección de lo que han sido mis divorcios, te confieso que después de cada una de las experiencias vividas en mis relaciones de pareja, tuve que trabajar conmigo misma. Encontré formas de salir airosa y de manera saludable de cada divorcio, los cuales me enseñaron, poco a poco, a enfrentar mi vida de una manera atrevida y, sobre todo, a no amilanarme. Mis hijos eran la razón para seguir adelante. Tenía que seguir viviendo y dejándoles saber que los amaba sobre todas las cosas. Siempre me propuse criar hijos con mentes sanas y, en el proceso, no darles motivo alguno de verme débil ante tales situaciones. Podía estar hecha pedazos pero, ante ellos, era la madre fuerte de espíritu y presente en el hogar. Mi Dios me mantenía de pie y me brindaba un buen trabajo para poder criarlos. Mis hijos y mi trabajo fueron factores claves para mantenerme en pie de lucha y mente saludable. Mis amigas se encargaron de hacer mi vida más llevadera. Dios, mis hijos y mis amigas jugaron un papel bien importante en mi transformación.

Siempre he pensado que con amor todo se puede y eso traté de hacer con mis tres esposos. Les di mucho amor; lamentablemente, no sólo basta el amor para ser feliz. Cada uno de ellos me fue moldeando a ser la persona que soy hoy. En cada caso y en cada uno de ellos vi oportunidades de crecimiento. A cada uno lo caracterizaba algo diferente. Con cada uno de ellos me transformé y mis prioridades fueron cambiando.

De la experiencia con el primero, aprendí la importancia de tomar decisiones juntos, porque si la decisión la tomaba yo y era acertada, por lo regular todo corría suavemente y ninguno de los dos tenía nada que lamentar. Pero, si me equivocaba, venían las recriminaciones y me condenaban por la decisión tomada.

En algunas ocasiones, trajo resentimientos que luego salieron a relucir en cualquier discusión posterior. Por lo tanto, entendí la importancia de juntos ponderarlo todo y de acuerdo con lo que cada cual desea. Si es necesario un juez o tercera persona debe ser bien neutral. Estar consciente que puede haber un resultado bueno o no tan bueno. Pero ambos son responsables.

Siempre he pensado que con amor todo se puede y eso traté de hacer con mis tres esposos

De la experiencia con el segundo, aprendí a ser un poco más astuta y maliciosa en cuanto a creer en todo lo que decía, además de no tomar una decisión apresurada para casarme. Con el tercero, pensé que mi felicidad podía estar al lado de un hombre religioso y me agarré de aquel hombre como si fuera un manto protector. Me tomé más tiempo en la decisión de casarme pero también me tomó más tiempo entender al macho puertorriqueño que quiere controlarte y aislarte del mundo, incluso, de tu familia. Entendí que de nada vale un sacrificio personal, si la otra persona no está en el mismo canal.

Pensaba que mi esposo de turno y yo nos acompañaríamos en nuestra vejez. Cambié mi vida para satisfacer al otro y que pensara que podía controlarme. Pero mi creencia de que tenía que sacrificarme por él -y era la solución que veía en ese momento para que la relación durara- me hizo luego darme cuenta que perdí momentos mágicos por estar atada a una pareja que no era la que yo necesitaba. Pensaba que al complacerlo en sus gustos y preferencias, me iba a amar más. Dejé de ser yo. Ya no cometo el error o, mejor dicho, horror, de dejar de ser yo por agradar a otra persona. Siempre seré yo. Sólo tenemos que agradar a Dios primero y luego a ti misma, en segundo lugar. Dios quiere lo mejor para mí y para ti.

Perder el miedo y retomar la confianza

Cuando finalizó mi primer divorcio pensé en no volverme a casar. Todo lo que estaba aconteciendo me hizo perder el apetito y rebajé no sé cuántas libras. En el trabajo me preguntaban qué me pasaba pues estaba toda hecha huesos y realmente parecía una modelo de revista europea. Siempre pensaba que era cuando mejor me veía.

Comencé a salir con Carla, que era amiga de Elena, una amiga mía. Elena era casada y me animaba a salir con sus amigas solteras, pues no quería que me quedara encerrada en mi casa. Empecé a salir con miedo pues nunca fui persona de asistir a fiestas cuando jovencita, ni antes de casarme. Cuando me casé, sólo me dedicaba a mi trabajo y a mi familia. Al divorciarme, no sabía ni cómo entretenerme.

Luego de vivir acompañada por un esposo durante 15 años, pasaba muchas horas de triste soledad porque no sabía qué hacer con mi tiempo. En esos fines de semana que mis hijos se iban con su papá, se me caían las paredes encima y entonces me dedicaba a limpiar la casa y a escuchar música. Por lo regular, venían los recuerdos. Elena me decía que tenía que salir y olvidarme de todo lo acontecido, cosa que le agradezco ahora con todo mi corazón.

Carla era socia de una discoteca famosa en aquel tiempo en San Juan y tampoco tenía con quién salir. Cuando comencé a salir a la discoteca, en lo que llegaba Carla, me sentaba en la barra -toda temblorosa. Me sentía temerosa pues el único hombre en mi vida había sido el padre de mis hijos. Había estudiado en un colegio de chicas solamente y no tenía mucho roce con varones. Le tenía un poco de miedo a los hombres. Así fue que hice amistad con el *bartender*. Creo que él veía mi cara de susto y de inexperta y se compadecía de mí y hasta de vez en cuando, me obsequiaba los tragos.

Allí bailaba a menudo pues siempre aparecía alguien que me invitaba a bailar. Conocí a un chico que más tarde me enteré que era un gitano español. Bailaba espectacularmente y de verdad que esa noche estaba deseosa de bailar con él, me moría porque se fijara en mí y me invitara a bailar. Finalmente, no sé cómo llegó a donde mí, pero llegó, y eso era lo que yo deseaba. Luego de bailar conmigo, no quiso separarse pues hacíamos una gran pareja de baile. Aquel chico y yo nos sinceramos tanto que él me brindó confianza y amistad. Realmente lo que hicimos fue conversar y bailar. Fue como romper barreras de miedo.

Aprendí a llevarles el juego a los hombres, pero siempre cuidándome y cuidando mi corazón.

Nos alegramos muchísimo la segunda vez que nos vimos. Fue por casualidad porque nadie tomó el teléfono de nadie. En esa ocasión me confesó que era casado y que viajaba con frecuencia a Puerto Rico. Le conté mi vida y hubo mucho respeto entre ambos. Él me aseguró que yo podía gustarle a cualquier hombre, ya que él mismo hubiera formalizado una relación conmigo, si no hubiera estado felizmente casado. Me inspiró a tener más confianza en mí misma. Fue la última vez que lo vi. Sin embargo, me ayudó mucho en mi proceso porque me di cuenta que todavía quedaban hombres buenos, y me apoyó a continuar mi camino con la posibilidad de tener buenos amigos, sin ningún otro tipo de interés.

Ahora empezaba a cogerle el gusto a salir, a hablar con todo tipo de hombre sin malicia o con malicia. Empecé a separar el grano de la paja como dice el refrán. Comencé a conocer mundo. Conocí chicos con diferentes personalidades. Unos medio liberales en su forma de ser y pensar, otros más seriecitos, que estudiaban a sus amigas a ver si podían formalizar una relación. Otros que, aun con novia, te invitaban a salir. Era increíble cómo ponían sus noviazgos en jaque por una simple salida con otra. Conocí mucha gente, hombres aprovechados que sólo iban por interés sexual pero aprendí a defenderme de ellos, pues el instinto te obliga a ponerte a la defensiva. Aprendí a llevarles el juego a los hombres, pero siempre cuidándome y cuidando mi corazón. También logré hacer buenas amistades. De esta manera superé ese primer divorcio y comencé una vida nueva.

El hecho de exigir tanto de mí e invertir tantas horas fue un factor determinante para mantener mi mente sana.

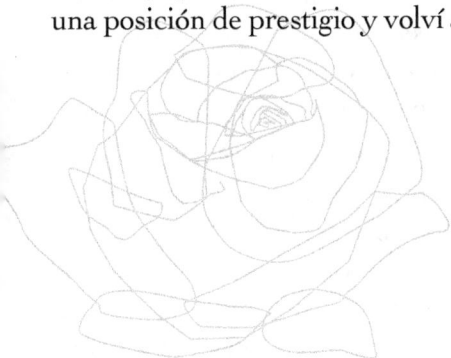

Mi trabajo fue el mejor aliciente que Dios me dio para poder entretenerme y querer ser mejor cada día. El hecho de exigir tanto de mí e invertir tantas horas fue un factor determinante para mantener mi mente sana. Me dediqué a ser una mujer exitosa y profesional. Como consecuencia, fui reconocida con una posición de prestigio y volví a ganarme viajes por el mundo.

El despertar de un divorcio: acciones que te ayudan en el proceso

Con estas experiencias y ya certificada como *coach*, comencé a darme cuenta que el despertar de un divorcio conlleva tener tu propia lista de herramientas, reglas o modos de supervivencia. Estas son algunas que desarrollé y al ponerlas en práctica, me ayudaron muchísimo:

1. Admite que te duele pero no te amilanes. Acuérdate del refrán: "Más *alante* vive gente". Aplícalo a tu vida. Acepta el sufrimiento como parte importante del proceso de crecimiento en tu vida.

2. Camina y habla con la gente, es el mejor antídoto para una mente abusiva y que descontrola. La mente nos va a reclamar y, sobre todo, a hacer recordar. Un buen antídoto es la conversación, mucha conversación con quien sea. Conversar de otros temas con otra gente

3. Soluciona todo lo que quede pendiente después de un divorcio. Evita ver a la otra persona porque eso te hace daño. En ocasiones, nuestra mente busca excusas para verla. Mientras más la veas, más vas recordar y más duro será romper cadenas o lazos con esa otra persona. Rompe con todo de raíz. Comienza a hacer una vida social activa. Vete al cine, a ver una obra. Aunque sea solo o sola. No importa.

4. Estudiar. Desarrolla interés en algo. Lo que sea. Lo que nunca hiciste por falta de tiempo. Los municipios ofrecen

clases gratis. Llama, pregunta. Puedes ir de oyente a alguna escuela nocturna o, quizás, ayudar a una maestra. No busques excusas. No hay excusa que valga la pena.

5. No seas conformista contigo mismo. Pídete y exígete cada día más. No te tires a deprimirte en una cama. Oblígate a salir y a compartir.

6. Ayúdate con una dieta más sana. Vete al colmado y mira todos los productos. Verás que hay algo que jamás se te había ocurrido preparar. Mímate.

7. Camina todos los días y, mientras lo haces, reza, ora y pide fuerzas a Papá Dios. Somos sus hijos y jamás nos abandona aunque creas que se olvidó de ti. Es normal que lo pienses. Yo también lo pensé.

8. Acepta la realidad. No vivas de ilusiones. He tenido amigas que han vivido enamoradas toda la vida de sus exesposos y han perdido momentos maravillosos que han estado a su alcance. De todas ellas, sólo conozco una que logró regresar con el padre de sus hijos después de que ese hombre tuvo par de hijos más y está todavía pasando pensión alimentaria. ¿Es eso lo que quieres para ti? Estoy segura que no.

9. Sobre todo, controla tu pensamiento. Me acuerdo de un refrán que mami decía: "La caridad comienza por casa". El permitirle a la mente controlarnos es algo inaceptable. Elimina la palabra depresión de tu vocabulario.

Tenemos que darle lugar a todo lo positivo. Lee temas positivos. Llénate de energía positiva. Ríete de lo que encuentres absurdo.

Cuando alguien se te acerque y te hable del tema prohibido, sé sincero(a) y dile a la persona que esto no te hace nada bien. Nos encanta bañarnos en el mismo tema y volver a sufrir. No lo hagas. ¿Has conocido personas que ante una situación difícil y que deseas olvidar, siguen hablándote de

lo mismo y lo mismo y lo mismo? Pues me encontré una persona así, hasta que un día le comenté con mucho amor: "¿Sabes qué? Esto me hace mucho daño, recordar lo mismo tantas veces. Ya olvidé todo y no quiero hablar más del tema porque me lastima nuevamente. ¿Puedes ayudarme con eso?". La persona entendió el mensaje claramente. Nunca más me puso el tema, ¡gracias a Dios!

Tenemos que darle lugar a todo lo positivo. Lee temas positivos. Llénate de energía positiva. Ríete de lo que encuentres absurdo. Y, por el momento, no escuches música romántica que te haga recordar.

10. Perdónate y perdónalo(a). Sólo así alcanzarás la felicidad.

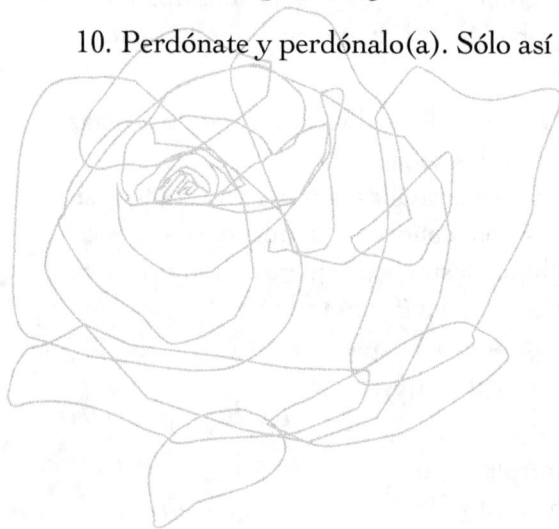

Las creencias que no sabemos que tenemos

Dediqué tiempo a recapacitar después de esos tres divorcios, para darme cuenta dónde podía estar fallando o qué estaba buscando. Deseaba ese compañero de vida: un hombre bueno como mi papá, amoroso, alcahuete, que me mimara... Descubrí algo que fue mi despertador, que me abrió los ojos y, asimismo, me dejó con la boca abierta:

¡Estaba buscando el clon de mi papá!

¡Tremendo error! Papi era único. No hay dos personas iguales. Todo ser humano es distinto. Me había inclinado a pensar, que siendo mi padre mi mejor ejemplo de hombre, pues así lo vi siempre, tenía que haber otro hombre como él. Esa era una creencia poderosa para mí.

¿Y qué son las creencias?

Son aquellos pensamientos que consideramos "verdades". Pero mucho cuidado, porque hay creencias que nos impulsan a crear lo que queremos y hay otras que nos detienen. Y lo peor de todo, es que muchas veces esas creencias operan de manera inconsciente, no nos damos cuenta de que las tenemos. A veces nos funcionan, pero a veces no. Las creencias pueden venir de uno, inculcadas por los padres o por la sociedad.

Algunas de las creencias que descubrí:

- El amor es suficiente para mantener un matrimonio estable.

Definitivamente no es suficiente cuando la otra persona no decide dar la misma cantidad de amor.

Muchas veces nos cohibimos de lograr cosas, por el "qué dirán". Vive tu vida en paz y con una conciencia limpia contigo misma y con Dios.

- Al amoldarme a mi pareja y dejar de ser yo, podía mantener un matrimonio estable.

Error. Jamás dejes de ser tú. Ambos deben aceptarse tal cual son. Puedes hacer unos ajustes pero la otra persona también debe hacer los suyos. Al igual que tomar decisiones. Se hacen unidos y si no hay consenso busquen una tercera persona ajena a los intereses de ambos.

- Los hombres responden a los maltratos

En un momento dado, intenté ser dura. Funcionó quizás por un rato pero ¡qué va!, tampoco es la manera de construir relaciones saludables.

- Papi no aceptaría el verme convivir con alguien, sin estar casada

Estoy segura de que papi lo hubiese entendido, si yo se lo hubiese explicado. No hay que vivir de apariencias por complacer a nadie. Tampoco sacrifiques tu felicidad por el que dirán de la gente. Muchas veces nos cohibimos de lograr cosas, por el "qué dirán". Vive tu vida en paz y con una conciencia limpia contigo misma y con Dios.

Piensa en tus creencias:

- ¿Cuáles creencias están rigiendo tu vida en este momento?
- ¿Cómo te detienen estas creencias para lograr tu felicidad?
- ¿Cuáles creencias te apoyan?

Escríbelas y analízalas.

Te regalo algunas creencias de *Coaching* que te pueden apoyar.
Reflexiona sobre ellas y escribe qué significan para ti.

1. **Creer para Ver** (Sí, al revés de Santo Tomás que decía que
   había que *"ver para creer".*)

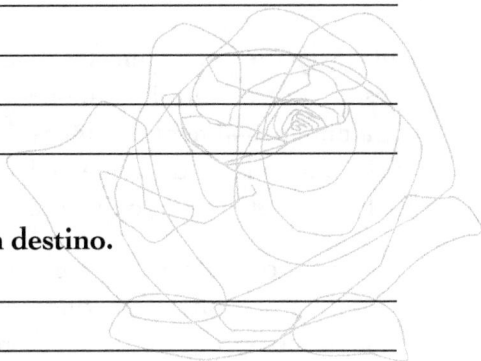

   _____

   _____

   _____

   _____

   _____

   _____

2. **La vida es un viaje, no un destino.**

   _____

   _____

   _____

   _____

   _____

   _____

3. **Hoy puede ser un día de fiesta,** una canción triste o una
   marcha de energía, tú decides.

   _____

   _____

   _____

   _____

   _____

   _____

Los valores y la crianza

Todas las personalidades de mis *ex* fueron determinante en esos divorcios e incluso la mía. Mi herencia alemana probablemente tuvo mucho que ver. Tal vez me ha hecho intolerante e intransigente en algunas situaciones. Sin embargo, viéndolo desde el otro lado de la moneda, siempre he pensado que soy una mujer totalmente cariñosa y me entrego por completo. Uno debe dar en la medida que te den porque el dar solamente de un lado, llega el momento que uno de los dos se cansa.

De todo lo que nos ocurre, vemos el lado positivo y el lado negativo. Puedo decir que tengo cualidades de mi padre porque siempre trató de ser justo con todo el mundo, cariñoso y desprendido. Trato de ser justa y cariñosa como él, aunque he tenido que ser firme en muchas decisiones personales y laborales. De mami, he sacado su liderazgo (su sangre alemana). Las situaciones de la vida me han obligado a ser fuerte y decidida pues he luchado sola en mi caminar

Te pregunto:

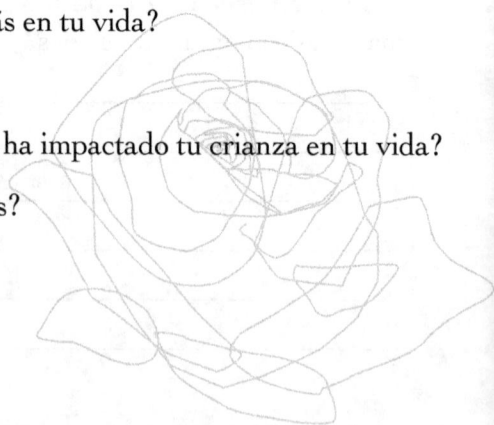

- ¿Quién ha influido más en tu vida?

- ¿Por qué?

- ¿Cómo piensas que te ha impactado tu crianza en tu vida?

- ¿De qué te arrepientes?

- ¿De qué te alegras?

El juego de conocerse

Hay una poema de Antonio Machado, cantado por Camilo Sesto, entre otros, que nos brinda un gran mensaje: "Caminante no hay camino, se hace camino al andar. Golpe a golpe, verso a verso". Pienso que esta es la forma más clara y precisa de describir ese caminar por la vida, ese ir escribiendo el libro de tu vida. Ese libro solo puedes escribirlo tú. El dolor es sumamente necesario para poder esculpir la vida y los sentimientos. Lo comparo con la forma en que un artista esculpe una estatua. Cada gota de sudor del artista se ve reflejada en su obra. En tu obra, cada vez que caminas y te golpean, te vas formando, hay un resurgir de tu personalidad. Lo que no puedes permitir es que esos golpes te hagan insensible y te llenen de amargura. Al contrario, existen muchas personas que te necesitan y te esperan para que seas tú quien le lleve una palabra de aliento. Tú llevas el timón. No permitas que lleven ese barco a la tormenta. ¡Llévalo a la calma!

Si buscas la felicidad en un hombre o en una mujer, piensa en lo que realmente es más importante para ti. Piensa en tus hijos, si es que tienes hijos. Piensa en tu forma de vida. En la vida que te gustaría tener y con quién. ¿Esa persona que tienes a tu lado, se sacrificaría por ti? Esa persona que tenías, ¿te valoraba, te daba tu lugar? ¿Te sientes triste cuando estás con esa persona o, al contrario, llena tu vida porque se preocupa por tu bienestar en todo momento? ¿Te lleva a los sitios que a ti te gusta ir o sencillamente tienes tú que ajustarte a tu pareja? La persona que está ahora contigo, ¿no te llena como te llenaba la anterior y sacrificaste ese amor por este? Piénsalo bien. Estás a tiempo. No te conformes con poco. Exige tu lugar y dale su lugar. La relación es de dos personas y el egoísmo no cabe entre esas dos personas porque a la larga triunfará y los separará. Cuando uno ama, debe respetar y darse a respetar.

Un ejercicio que les recomiendo a mis clientes de *Coaching* es escribir en esta hoja los atributos y las debilidades que encuentras en tu pareja. Dile a tu pareja que haga lo mismo. Luego con mucho amor y respeto discutan lo escrito. Se necesita madurez para hacer este ejercicio. ¡Tú puedes! Jueguen a conocerse.

Tabla para la RELACIÓN DURADERA

Fortalezas de él	Debilidades de él

Fortalezas de ella	Debilidades de ella

Coincidimos en:

El _____	Ella_____

Acuerdos: _____	_____

¿Cómo te fue al hacer este ejercicio?

La felicidad de una pareja no radica en que sean iguales, estriba en que sean diferentes y puedan trabajar con esas diferencias. Eso lo hace más interesante. Es cuestión de descubrir y establecer qué los hace diferentes y en qué se parecen, si es que hay algo.

Para trabajar esas debilidades, establezcan un plan de acción que incluya tiempo para poder evaluar los adelantos o lo que sigue siendo una oportunidad para mejorar. Requieren ser perseverantes uno con el otro. Todo se trabaja con amor, despacio, sin lugar a discusiones, con fecha de reunión y, si es posible, con una tercera persona que sea totalmente neutral, que no sean amistades. Pudiera ser hasta un sacerdote, pastor o un consejero.

El matrimonio

Si me preguntas qué opino del matrimonio, te diría que el matrimonio es un estado perfecto. Es un compartir vidas. Obra de Dios al crear a Adán y Eva. Es un sacramento que brinda a la pareja la oportunidad para ser fieles uno al otro. El matrimonio cristiano es una auténtica vocación al igual que el sacerdocio.

El matrimonio es un consentimiento libre de cada uno de los dos contrayentes manifestado ante una Iglesia o ante un juez. Creo firmemente en el amor y en la consagración de ese amor. Es importante que esa promesa de amor sea fiel y firme. Se dedica una vida a la otra. No hay cabida al engaño. Una vez que una de las partes siente que ha sido engañada, ese matrimonio pierde la esencia. Hay personas que pueden superar una situación donde hubo engaño en su relación de pareja, pero hay otras como yo, que simplemente decidimos tener relaciones basadas en la honestidad.

¡Sí, pienso que el amor existe! El amor nace entre dos personas que por lo regular son afines y en otros casos, no tan afines y, al relacionarse, aprenden a compartir alegrías, tristezas y modos de vida juntos. Pienso que las personas se acostumbran a llevar una vida en pareja y juntos adquieren gustos por las mismas cosas y a desarrollar intereses iguales o afines.

Aunque viví la infidelidad varias veces, no voy a desistir de tener una nueva pareja o de querer casarme por cuarta vez. Pero esta vez, será porque conozca al otro hasta la saciedad. Se necesita tiempo para conocerse y demostrarse que se puede confiar el uno en el otro. Para mí, ese hombre existe pero aún no nos hemos encontrado. Espero finalizar los últimos días de mi vida junto a ese esposo maravilloso. Ya lo he declarado porque la palabra que se declara se hace realidad. No apresuro nada. Sencillamente disfruto mi vida en el momento que vivo.

El divorcio

Estuve buscando datos del divorcio en el mundo y causa mucha frustración, dolor y tristeza lo que encontré al respecto. Lamentablemente, Puerto Rico es el país después de los Estados Unidos de América, con mayor porcentaje en divorcios. El tercero es Rusia; Inglaterra y Dinamarca se disputan el cuarto y quinto lugar, respectivamente. ¿Cómo es posible? Yo misma me quedé perpleja con esta información.

¿Has escuchado decir que *el divorcio es un mal necesario*? Pienso que las personas más afectadas son los hijos. Ni siquiera uno mismo. Un hijo sufre la ausencia constante de uno de los padres. Les duele. Pero si esa relación era tortuosa por las discusiones, malos humores y falta de felicidad de uno o ambos cónyuges, entonces era necesario tomar medidas. Si no eres feliz y no hay manera de mejorar la relación, divórciate.

Si es un divorcio por segunda vez y ya esos hijos del primer matrimonio se habían adaptado a esa nueva persona, también les afecta. Lo importante aquí es mantenerse firme. Lo más firme posible para que los hijos no vean el dolor que nos embarga, los hijos sufren con nuestro sufrimiento. Realmente, no te pido que se lo ocultes a tus hijos porque entiendo que no somos de piedra pero en mi caso, fui muy severa conmigo misma y traté de no derramar lágrimas frente a ellos. Claro, ellos perciben. No te pido que lo hagas tú, si necesitas llorar, llora. Es imprescindible tener mucha comunicación con ellos. Siempre

Puerto Rico es el país después de los Estados Unidos de América, con mayor porcentaje en divorcios.

mantuve informados a los míos y he pensado que eso me ayudó a tener hijos saludables con matrimonios estables en este momento. Practica la comunicación con ellos.

Pienso que lo más saludable es que los hijos vean que cuando sus padres comparten, lo hacen en armonía, como la relación que finalmente logramos establecer el padre de mis hijos y yo. Pero eso se logra con la madurez de los años. Tengo amigas que, al igual que yo, lo han logrado. Unas, inmediatamente luego del divorcio; a otras, les ha tomado más tiempo. En mi caso, tampoco fue rápidamente pues nos tomó algunos cinco o seis años. Después de más de treinta años de divorciados, una amiga muy querida y su exesposo, quien la abandonó por una compañera de trabajo, aún no han podido limar asperezas. El perdón nos hace libres. Perdónate y perdónalo. Lo único que se necesita es madurez y creer en Dios sobre todas las cosas.

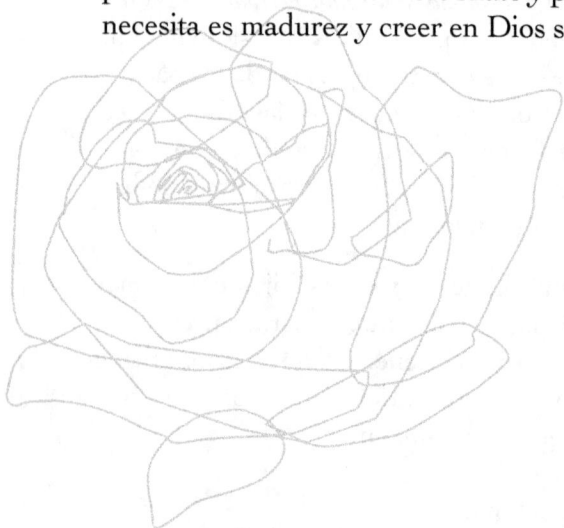

La soledad

Escoger estar solo también es una opción.

He encontrado la felicidad en otras formas y espacios. No necesariamente en un hombre. Mi jubilación me ha convertido en un ser más feliz. Soy una persona más agradecida de la vida y de Dios. Trabajo mi soledad de una manera diferente. Como me di cuenta que en todos esos divorcios me concentré de lleno en mi trabajo y eso me ayudó muchísimo, pues he decidido dedicarme a las cosas que me gustan y que por falta de tiempo nunca hice. Por ejemplo, me gusta conversar con las personas y conocer sus historias. Busco en cada historia un porqué o una razón para escribir.

He visto en mi vida diaria muchos casos interesantes de los cuales todos aprendemos. Cuando tomaba el curso de Coordinación de Eventos, tenía una compañera, una señora mayor, que se interesó mucho en mi libro cuando se lo mencioné. Me confesó que estuvo casada alrededor de 50 años y su esposo murió. Me dijo:

"Ese amor que comienza en una relación de jóvenes cambia por completo con los años. Las parejas llegan a un punto que son como hermanos. El amor se esfuma. Uno quiere a esa otra persona como un compañero de vida pero el amor, la ilusión, vuela. Todo cambia".

En otra ocasión, fui a caminar con una amiga al pueblo de Río Piedras y a comprar unas decoraciones para el curso que tomábamos juntas. Hicimos un alto para almorzar a la Plaza del Mercado que, por cierto, está muy cambiada y muy pintoresca. El área de las mesas estaba bastante llena y logré conseguir una mientras mi amiga compraba el almuerzo. La mesa era para 4 personas y una señora lo más simpática me preguntó si podía compartir la mesa con nosotras. Le dije que sí y se sentó a mi lado en lo que su pareja traía el almuerzo de ellos. Comenzamos a hablar de lo cambiada que estaba la plaza de mercado. Ella venía a visitar una hermana desde el pueblo de Lajas al suroeste de la Isla. En un instante y antes que llegaran su pareja y mi amiga, me contó que estaba divorciada de su esposo hacía tiempo; que vivía cerca de Río Piedras pero al divorciarse se mudó para Lajas; que conoció a este señor que la cortejaba y que era muy bueno... pero que no lo amaba y que, por no estar sola, había aceptado ser su pareja.

He entendido tantas cosas con mis vivencias y en conversaciones con la gente. Aprendí que no solamente se encuentra la felicidad en el matrimonio. El decidir estar solo es una opción con la que se puede vivir bien. Aprendí que:

- La felicidad está en tus manos todo el tiempo.

- Las cosas cambian según el cristal con el cual las mires.

- Los hijos sí se van pero que hay tantas cosas maravillosas que pueden servir de base para la felicidad.

Ahora veo la vida diferente. Mis hijos, mis seis nietos, mis hermanos, mis amigas, mi libro, mis estudios -porque siempre busco estudiar algo nuevo- mi trabajo, toda mi vida se fundamenta en momentos hermosos que no me permiten lamentarme ni pensar en otra cosa que no sea vivir la vida porque solo es una.

De la soledad se ha escrito mucho. Una persona que me ha impactado es Susana Carriza, que bien expresa en fragmentos de su poema, *Uno Crece*, dónde debe estar nuestro enfoque en la vida y la manera de llegar a los niveles más altos de engrandecer nuestro espíritu:

"Imposible atravesar la vida… sin que un trabajo
salga mal hecho, sin que una amistad cause decepción,
sin padecer algún quebranto de salud, sin que un amor nos
abandone, sin que nadie de la familia fallezca, sin equivocarse
en un negocio. Ese es el costo de la vida. Sin embargo, lo
importante no es que suceda, sino, cómo se reacciona.
Si te pones a coleccionar heridas eternamente sangrantes,
vivirás como un pájaro herido incapaz de volar. Uno crece
cuando no hay vacío de esperanza, debilitamiento de voluntad,
ni pérdida de fe. Uno crece cuando acepta la realidad y tiene
aplomo de vivirla. Cuando se defiende como el águila para no
dejar de volar, cuando se clava como ancla y se ilumina como
estrella. Entonces y sólo entonces es cuando se crece". [1]

Y precisamente de eso se trata, de no dejarse abatir por lo que
no sucedió. Queremos que funcione. Pero cuando no funciona,
entonces es cuando recordamos que estamos solos. Según el
diccionario, la palabra soledad significa: *carencia de compañía;*
dicha carencia puede ser voluntaria (cuando la persona decide estar
sola) o involuntaria (cuando el sujeto se encuentra solo por distintas
circunstancias de la vida).

Muchas veces, la segunda acepción es la que nos toca después
de un divorcio. Todo depende del tono que se le dé. Por ejemplo:
La soledad es buena para escribir, componer, estudiar, practicar,
cantar y todo lo que nos llene. ¿Cuándo se convierte en enemiga?
Cuando la usas para llorar y recordar las cosas negativas de tu
vida. Cuando te aferras a ella viéndola y sintiéndola como la
tristeza de tu alma. Todo depende de ti, de cómo la uses.

Aunque mis matrimonios no funcionaron, he estado rodeada de
amor. Siempre busqué ese amor en los seres que me rodean y me

---

1   Fragmento del poema Uno Crece, atribuido a varios autores, pero la
opinión generalizada señala a Susana Carizza como su autora.

"Ese amor que comienza en una relación de jóvenes cambia por completo con los años.

aman, que son muchos. Rápidamente comencé a desarrollar intereses. Interés por escribir. Por dejar saber lo que ha sido mi vida para que puedas tener una seguridad de que la vida continúa y se puede vivir, especialmente, cuando te recuperas de una enfermedad. Lo primero es darle gracias al Creador. Hasta por un divorcio tenemos que darle gracias a Dios. Piensa en lo que sería vivir un infierno al lado de una persona que se supone sea tu bastón, tu ayuda. Por lo tanto, es importante que mantengas una actitud positiva ante la vida. La mente traiciona: no le des cabida a que te manipule y te detenga. Incluso, cuando te encuentres en el camino personas que te pregunten: "Nena, ¿no tienes novio?" o "¿Cuándo te casas?". Déjales saber que eres feliz. ¡Que la soltería también es un excelente estado civil!

Mis 10 estrategias para la felicidad

Poco a poco, sin darme cuenta, fui creando estas estrategias. Comencé a notar cómo me ayudaban a hacer cambios en la vida, a lograr mi transformación. Decidí ponerlas por escrito para ti. Las llamo las 10 estrategias para la felicidad para que cualquier proceso sea más llevadero.

1. Hago ejercicio y mantengo mi mente ocupada. Tengo una bicicleta estacionaria en mi habitación y todas las noches me siento un rato en ella a ver la televisión. Cuando puedo, y lo permite la lluvia, también camino en el parque.

2. No me quedo encerrada, salgo a la calle. Todos los días me propongo salir aunque sea 15 minutos. Veo panoramas diferentes. Es posible que hasta conozca el futuro abuelo de mis nietos...

3. Me arreglo todos los días como si fuera a un gran evento. Me visto y me perfumo. Mis hijos se ríen porque me perfumo hasta para dormir.

4. Camino con la frente en alto y erguida como si fuera un pavo real. El caminar con actitud me hace dueña de la calle. La gente me mira y no sé lo que piensan pero al menos me miran.

5. Jamás hablo de lo sucedido y mucho menos de cosas negativas. La vida es bella. Río, disfruto, amo y comparto. Qué bonito saber que hay una vida cada día pues nuestro Padre nos la brinda.

6. Busco ser autosuficiente. No dependo de nadie, bueno, en lo que puedo. ¡Tú también puedes hacerlo!

7. Siempre intento desarrollar el buen humor. ¡Que siempre me recuerden contenta!

8. Trabajo y me mantengo ocupada.

9. Comparto con todo tipo de personas. Sean mayores o menores que yo. Niños, niñas, adolescentes, personas mayores, de todos se aprende.

10. Siempre pienso que mi futuro será mejor que mi pasado. Me esperan grandes cosas. Busco todo lo maravilloso de cada día y atraigo lo bueno. ¡Vivo los pujos de motivación!

Mis pujos de motivación

Siempre he escuchado que la felicidad es intrínseca al ser humano, viene de adentro y se refleja en todo lo que tocas afuera. Lo que tú proyectas viene del interior de tu ser.

Comencé a utilizar muchas **herramientas o estrategias antidepresivas** sin darme cuenta. Salí airosa de mis tres divorcios al aplicar algunas de ellas, como sumergirme en mi trabajo de cabeza, salir a menudo, leer historias de superación, seguir tomando cursos, entre otras.

Luego, al manejar la depresión de René y ver otra vertiginosa caída de otro ser querido, me asusté mucho de los estragos que puede causar y me juré nunca caer en una. Tengo una amiga querida, a quien, luego de mi segundo divorcio, le dije: "Amiga, si me ves en depresión, mándame a matar". Claro, luego de decirlo, nos moríamos de la risa y continuábamos la conversación.

También adopté algo muy personal en mi vida, que descubrí poco a poco. Comencé a comparar los procesos de divorcio con el proceso de parto, como cuando una mujer se encuentra en el hospital a punto de dar a luz. Su ginecólogo y su enfermera le avisan cuándo debe pujar para que su bebé nazca. El bebé sale de su zona de comodidad y con la ayuda de esos pujos, llega al mundo. En el proceso, sientes dolor o molestia. Comparo las situaciones de la vida a los pujos, que para mí significan dolor, sacrificio y a la vez satisfacción.

Motivación es la palabra más hermosa que he escuchado en mi vida. Por medio de la motivación logramos cualquier cosa. Viene de la palabra mover, y mover es una acción. De eso se trata la vida. Pero no me refiero al moverse cuando significa cambiarse de lugar. Me refiero a mover tu alma, tu espíritu y alcanzar niveles más altos de vida, de aspiraciones.

Entonces, llegué a la conclusión que mi vida se ha basado en "pujos de motivación". Después de mis divorcios, mis hijos eran, y siempre serán, mi mayor preocupación. Mi segunda preocupación era la parte económica. Entonces, el salir sola de mis compromisos económicos fue uno de mis primeros pujos de motivación. El ver los logros de mis hijos fue también otro pujo de motivación. El poder pagarle a mi exesposo aquel almuerzo, en mi carro nuevo, con mi propia tarjeta de crédito, fue otro pujo de motivación. Cuando terminé aquel segundo matrimonio, e incluso, el tercero, el mantenerme firme como roca y no caer en depresión, también lo llamo pujo de motivación.

Sentir que otros me admiraban fue tremendo pujo de motivación para decidir tener una vida social más activa.

Los pujos de motivación es la manera en que poco a poco le he dado forma a mi vida después de mis divorcios. Creo firmemente que no se puede permitir a la mente dominar tu cuerpo. A mi tercer esposo se lo mencionaba a menudo: "En el momento que le permites a tu mente dominar tu espíritu, dejas de ser tú". La mente te puede llevar a cometer un suicidio. A mi entender, eso es lo que ocurre en el mundo en este momento. En el momento que no puedes ver a esa persona que amas al lado de otra persona, tienes que buscar ayuda. Jamás le he suplicado a un hombre. *Santo que no me quiere, con no rezarle me basta,* como dice el refrán. Realmente no sé si mi orgullo pudo más que el amor que les tuve a todos ellos. Recuerdo cuando René me dijo que yo era una mujer de decisiones firmes. Esa frase me encantó. Él sabía que no daba reversa. Mi pujo de motivación fue que él entendiera que a mí nadie me toma como "plato de segunda mesa". Hombre que no me dé mi lugar, no tiene cabida en mi corazón.

Otro pujo de motivación en mi vida fue comenzar a salir, a conocer personas, a darme a conocer. Cosas que antes no hacía por haberme casado tan joven y dedicarme a mi matrimonio y a mi familia. Sentir que otros me admiraban fue tremendo pujo de motivación para decidir tener una vida social más activa.

El encontrarme a uno de mis exesposos, que me pidiera perdón por lo mucho que me hizo sufrir y poder decirle: "Olvídate de eso, eso es pasado, no tienes que disculparte conmigo", me sirvió para perdonar porque no soy una persona rencorosa. Mi corazón necesita ser libre. En aquel encuentro, el albergar rencores, hablar e insistir en el pasado nada aportaba a mi vida. Me perdoné y, por ende, lo perdoné a él. Con el padre de mis hijos comparto en las actividades familiares. Guardamos muy buena amistad. Mis hijos disfrutan vernos juntos. Y disfruto ver a mis hijos relacionarse muy bien con su papá. Mi exsuegra ahora me ve de otra manera. Ahora compartimos en las actividades como nunca antes. Ahora me valora. Ella vio cómo crie a mis hijos y conoce lo buenos que son. Esa es mi mayor satisfacción. Todos esos son pujos de motivación.

Mi hijo mayor se divorció de su primera esposa. El proceso lo viví con él muy de cerca. Lloramos juntos y sufrimos juntos. Lo vi desmoronarse por tener que dejar a su hijo junto a su madre. Sin embargo, mi mayor pujo de motivación ha sido verlo ocuparse de su hijo para todo. Él ha vuelto a rehacer su vida al lado de una maravillosa mujer que también ama a su hijo. También lo veo dedicarse en cuerpo y alma a su nueva esposa e hija. El ver que otro de mis hijos me ha seguido los pasos en ventas y se ha destacado en el campo de la banca es motivo de satisfacción para mí. Me ha imitado mucho y hasta me llevó a dar una charla a sus compañeros de trabajo. Mi orgullo de madre es un claro pujo de motivación.

Mi hijo más pequeño tiene dos hijos y una esposa que estudia y trabaja. Él ha querido superarse y estudia, trabaja y ayuda mucho a su esposa con los niños. Verlos a todos de la manera que se ocupan de sus hijos es mi mayor pujo de motivación.

Los nacimientos de todos mis nietos han sido acontecimientos gratificantes y de satisfacción personal. No tuve hijas mujeres pero Dios me ha brindado dos nietas y he podido saborear esa sensación. Todos son mis pujos de motivación.

Pude jubilarme de una posición privilegiada en una compañía americana. Pude convertirme en *coach* antes de mi jubilación. Luego tuve la oportunidad de incursionar en el mundo de las agencias de publicidad, sin tener la más mínima idea de cómo había que desenvolverse. ¡Qué pujos maravillosos de motivación!

Todo esto es lo que me ha impulsado en la vida. No me canso de dirigir mi vida por mis pujos de motivación. ¡Tú también puedes tener los tuyos!

¿Puedes identificar tus pujos de motivación? Háblame de ellos.

Escribe acerca de:

1. Los pujos de motivación de tus hijos (si tienes)

2. Los pujos de motivación de tu pareja o ex pareja

3. Los pujos de motivación en tu trabajo.

4. Los pujos de motivación que ves en tu vida social

5. Los pujos de motivación con la familia de tu expareja

6. ¿Dónde más puedes ver pujos de motivación en tu vida?

La vida hay que vivirla

Hace alrededor de dos años me jubilé después de 28 años de servicio en una posición de mucha tensión y de mucha responsabilidad. Estaba a cargo de una división de ventas por lo cual siempre vivía corriendo y trabajaba 24/7. Hasta la hora de acostarme, mi mente seguía produciendo para el próximo día. Al jubilarme me juré que mi vida estaría plena de amor y de acción. Amor porque me rodean mis hijos y mis nietos y, por supuesto, mis nueras. Además unas amigas que son mis hermanas. Acción porque siempre tengo algo que hacer.

Pero no todo fue alegría inmediata. No hice más que jubilarme y de momento mi vida dio un giro que me sorprendió muchísimo. Empecé a sentir que con mi oído derecho pasaba algo. Un líquido amarillento salía de él y de noche era cuando más lo sentía pues el fluido no paraba. Sabía que mi cuerpo no estaba trabajando bien. Pasé por 4 médicos y ninguno daba con lo que tenía. Finalmente, cuando se me empezaron a ir las fuerzas, le comenté al doctor de turno que algo malo pasaba. Sentía que ese líquido bajaba de mi cerebro. Ese doctor me refirió a otro especialista que no sabía existía, un otoneurólogo. Efectivamente, mi oído derecho tenía una perforación en el tímpano y también una fractura craneal debido a una caída hacía 2 años. El doctor me dijo que tenía que intervenir inmediatamente ya que había que evitar que alguna bacteria entrara y se alojara en mi cabeza. Pensé que tenía los días contados. Busqué mucha información en Internet y descubrí que 1 en un 500,000 les ha pasado lo que a mí. El sentimiento de que mi vida se estaba deteriorando me hizo recapacitar muchísimo. Empecé a ver la vida de otra manera. El doctor corrigió ese padecimiento y recobré la alegría

> *Siempre tuve la inquietud de poder llevar un mensaje de apoyo a todas las personas que han pasado por mi experiencia porque sé que no es fácil subsanar este dolor y esa frustración que el divorcio nos deja.*

que siempre me caracteriza, pero por varios días pensé que era el final de mi vida.

Mucho antes de descubrirse mi padecimiento, estaba un poco confundida, pensaba en la razón por la cual no encontraba ese amor tan buscado por tantos años. Le preguntaba a Dios por qué me había dejado llegar sola a mi jubilación. Debido a esos divorcios, y en esta búsqueda para sanar mi dolor, decidí convertirme en *coach* de Optimización de Talento con una especialidad en personas divorciadas. Mis divorcios de una u otra forma me marcaron. Aunque esas heridas parecen muy difíciles de sanar, te aseguro que se puede salir del sufrimiento.

Siempre tuve la inquietud de poder llevar un mensaje de apoyo a todas las personas que han pasado por mi experiencia porque sé que no es fácil subsanar este dolor y esa frustración que el divorcio nos deja. Decidí retomar este libro que había dejado a un lado por el trabajo tan complicado y acaparador que tuve todos esos años. No me arrepiento. Hoy por hoy sé que ese trabajo me salvó la vida. En estos momentos, he optado por dedicarme a mi libro y a dictar charlas.

Una vez jubilada decidí, por esos tres hijos varones casados y por esos seis nietos, darles el tiempo que les había arrebatado mi trabajo tan acaparador. Vendí un apartamento que a mis hijos no les gustaba ir por el sin fin de escaleras que tenían que bajar y subir, adquirí una casa cerca de todos y la preparé de una manera atractiva para ellos. Conseguí un televisor enorme y le ubiqué dos butacas al frente, que se las pelean por lo cómodas que son, y un sofá espectacularmente enorme en el cual todos los nenes se acuestan, se lanzan, se abrazan, juegan y comparten.

Compré la barbacoa que me indicó uno de mis hijos y ahora se la pasan visitándome y cocinando en mi casa. Vivo rodeada de mis hijos y mis nietos, a quienes amo con todo mi corazón. Les encanta ir a casa y compartir todos juntos. Los chicos se van a mi habitación a ver muñequitos de niños y películas que les compro y los grandes vemos televisión súper cómodos en la sala. En fin, compartimos a menudo en familia. Eso sí, ellos saben que los viernes en la noche son mis viernes sociales. Las salidas con mis amigas son bien importantes y celebramos en grande los cumpleaños de ellas.

He aprendido a dividir mi vida entre hijos, nueras, nietos, amigas, cursos variados, mi libro, ejercicios físicos, música y charlas de motivación. Y lo más importante, porque la vida hay que vivirla y ser feliz, la he regido por unos mandamientos esenciales que sigo al pie de la letra: **Mis 10 estrategias para la felicidad.** Las he compartido contigo con el deseo de que te apoyen a ver que las espinas pueden traer bendiciones… ¡y brindemos por ellas!

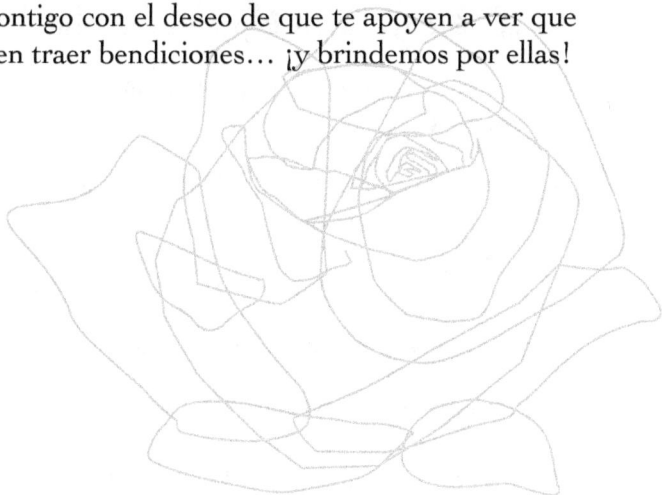

¡La vida apenas comienza!

Espero haber podido aportar un granito de arena a tu vida. ¡Quiero ser parte de ella! Me encantaría que me compartieras tu experiencia al leer mi libro.

Te invito a hacer las siguientes reflexiones y compartirlas conmigo a través de mi página web, www.roxanavilella.com o por correo electrónico, roxanavilellahecht@gmail.com

Reflexiones en tu intimidad

1. ¿Qué te ayudó o te impactó de mi historia?

2. ¿Cómo crees que eso que te ayudó o te impactó se relaciona con tu vida?

3. De acuerdo a lo leído, ¿cómo piensas que reaccionarías ante la misma situación según tu experiencia adquirida?

4. Si pudieras cambiar algo en tu vida, ¿qué cambiarías?

5. ¿Qué vas a hacer de ahora en adelante para ser FELIZ?

6. ¿Cómo te aplicarías mi lema: "La vida hay que vivirla"?

7. ¿Qué consideras podría ser lo que mayormente afecta a las parejas en el mundo actual?

8. ¿Qué harías para cambiarlo?

9. ¿Qué te limita a realizar tus sueños?

10. Ese factor limitante, ¿cómo podemos trabajarlo?

Mi regalo para ti

Una Sesión de *Coaching* de CORTESÍA

A través de *Coaching* puedes arrojar luz a cualquier
situación que puedas estar experimentando.

La primera sesión será completamente gratuita.
Para coordinar la sesión, solo comunícate
conmigo mediante mi página de Internet
o a través de mi correo electrónico.

wwww.roxanavilella.com
roxanavilellahecht@gmail.com

Perfil de la autora

Roxana Vilella Hecht

Roxana nació y se crio en San Juan, Puerto Rico. De madre neoyorquina y padre puertorriqueño. Estudió su escuela elemental y superior en el Colegio La Milagrosa de Río Piedras y continuó sus estudios universitarios en la Universidad de Puerto Rico. Completó su Bachillerato en Educación con concentración en Inglés. Es *coach* certificada por "People's Advantage" en Optimización de Talento y ha especializado su práctica en personas divorciadas. Cuenta con certificaciones en Relaciones Públicas y Coordinación de Eventos de la Universidad del Sagrado Corazón. Es licenciada en Bienes Raíces.

Luego de ser educadora por espacio de diez años, surge en ella la chispa de buscar nuevos horizontes en su carrera profesional. Su corazón le indicaba que había otra profesión esperando por ella en un campo muy diferente al magisterio. Comienza con un trabajo temporero en una empresa americana multinacional y fue escalando posiciones hasta dirigir la división de ventas. Sus extraordinarias ejecutorias en ventas, la llevaron a ganar importantes premios, entre estos, viajes a España, Italia, Grecia, Turquía, Francia, Portugal, Alemania, Suiza, Australia, Chile, Tailandia y Canadá. Desarrolló e implementó importantes programas de liderazgo y *net marketing* alcanzando el más alto rango profesional dentro de la empresa. Luego de 28 años de servicio, se acoge a la jubilación y comienza su carrera como *coach* con sesiones de *Coaching* y charlas de motivación. Es contratada por una agencia de publicidad como ejecutiva de ventas y más tarde asume la dirección del departamento. Hace un alto en su vida y se dedica a terminar este libro que lleva escribiendo por muchos años para poder brindar herramientas de vida a todas las personas que pasan por situaciones difíciles, entre estas, divorcios, soledad y jubilación.

Desea decirle al mundo que existe una vida llena de amor aunque el matrimonio no haya funcionado. Ella ha decidido ser feliz y desarrolló una serie de estrategias para lograrlo, las cuales comparte en este libro para que tú también encuentres esa paz y armonía que tanto necesitamos los seres humanos.

Referencias

- http://puntadassobrelafamilia.blogspot.com

- http//puntadassobrelafamilia.blogspot.com/2009/los-suegros-y-el-noviazgo.html

- http://www.buenastareas.com/ensayos/La Familia-y-Las Relaciones-Humanas/2669533.html

- Dr. William H Doherty, How Common Is Divorce And What Are The Reasons?, www.divorce.usu.edu/files/uploads/Lesson3.pdf

- People Statistics, Divorce rate (most recent) by country, Nationmaster. com http://www.nationmaster.com/graph/peo_div_rat-people-divorce-rate

- John Bytheway, ¿Cuándo, con quién y por qué nos casamos?, 13 de septiembre de 2003, BYU Church Educational Week, http://es.scribd.com/doc/63958894/CUANDO-CON-QUIEN-Y-POR-QUE-NOS-CASAMOS

- Poema de Susana Carriza: *Uno Crece* http://www.sentimientosmanuedu.com.ar/Historias/Historias/Unocrece/unocrece.html

"Una vez identificamos las áreas a trabajar en las sesiones de 'Coaching' con Roxana Vilella, comencé tener resultados de inmediato: en lo personal, logré romper con los temores que paralizan y tomé la decisión de comprarme mi primer apartamento. Algo que me parecía muy complejo, surgió de manera muy simple; en el ámbito profesional, he logrado confianza plena y organizar mis prioridades. Hoy preparo mi defensa doctoral para completar mi grado PhD; y en la salud, logré organizar mi tiempo. Ahora entreno de 4 a 5 días semanales y me siento en el mejor estado físico de mi vida".

Orlando Meléndez
Psicólogo industrial

"Conté con la presencia de Roxana en mi actividad de Moda con Pasión. Fue en calidad de 'coach' y de motivadora logrando gran energía entre los presentes con sus variadas dinámicas. Roxana también ha escrito para mi revista Pasión y logró impactar con sus interesantes columnas dedicadas a la mujer".

Yashira Forestier
Directora de la revista Pasión, Mayagüez, P.R.

"Roxana es una mujer realmente especial… su sinceridad, carisma, energía y personalidad única hacen de cada una de sus presentaciones un éxito. Sus experiencias y peritaje hacen que cada dialogo sea un experiencia enriquecedora. Es un ejemplo… una fajona, mujer emprendedora... es una inspiración para todo el que la rodea".

Ana Agosto
Consultora organizacional